青木和子　旅の刺しゅう2
赤毛のアンの島

子供の頃に読んだ『赤毛のアン』。
その後、時々読み返すことはあったものの、熱心なファンではありませんでした。
ところが、作者のモンゴメリの晩年にまつわる物語や
アンについての本の挿画としての刺しゅうを依頼され、改めて本を開くと、
プリンス・エドワード島の自然、とりわけ季節ごとに咲く花の豊かさに心が動きました。
夏の初めの頃、物語の風景と野の花に出会うため、プリンス・エドワード島へ。

プリンス・エドワード島 page54

文化出版局

Contents

憧れのグリーンゲイブルズ 04

赤毛のアン 06
　　ブーツ、アン・シャーリーのポートレート

アンの愛した花 08
　　ブルーフラッグ、バターカップ（キンポウゲ）、ワイルドローズ（野バラ）、ソープワート（シャボンソウ）、帽子
　　スイートピー、アスター、ツインフラワー、スコッチローズ
　　スズラン、ハニーサックル（スイカズラ）、ブルーベル（ツリガネソウ）、ラベンダー

恋人の小径とお化けの森 12
　　ワスレナグサ、シマリス、スターフラワー、恋人の小径、モミの木の枝

マリラのブローチ事件 14
　　スミレのピンクッション、スミレ

グリーンゲイブルズの木 16
　　雪の女王、ライラック、サンザシ

プリンス・エドワード島の旅 18
　　ルピナスのメドウ

旅の手帳 20

ワイルドフラワー 22
　　クローバー、バターカップ、ブルーアイズドグラス、レッドクローバー、ダームズロケット、
　　デビルズペイントブラッシュ、ホワイトカンピオン、タフテッドベッチ、ミツバチ

ワイルドローズ 24
　　ワイナリーの犬、バラのつぼみ、ワイルドローズ2種

PEIの赤 26
　　リンゴ、ロブスター、赤えんぴつ、砂と小石のブックカバー

PEI の家　28
　　　　クロスステッチの家

ベリーあれこれ　30
　　　　ブルーベリー、クランベリー、ワイルドストロベリー、ベリーのくるみボタン

鳥に出会う　32
　　　　巣箱、ブルージェイの羽根、鳥の巣、ブルージェイ、アメリカンロビン

ブルーウィンズ・ティールーム　34
　　　　ムスカリ、ヤグルマソウ、シルバリーブルー（蝶）、ドイリー

灯台めぐり　36
　　　　クロスステッチの灯台…ウッドアイランド、ケープベア、ポイントプリム、パンミュールヘッド、ウエストポイント

ヘリテージインに泊まる　38
　　　　いかり、ヨット、浮き輪、ヒトデ、釣り針、いかりのきんちゃく

ポテトの島　40
　　　　ポテト、ポテト一家、ボタニカルアート風ポテト図

ファーマーズマーケットに行く　42
　　　　ラディッシュ、ブーケ、レタス、ハーブの小物入れ

ガーデンショップめぐり　44
　　　　自転車、ハンギングバスケット、種入れ

旅のお買い物　46

PEI の昔からの習慣　48

　　　　ローズブーケ、バラのつぼみのティーカップ、パンジー　page55

憧れのグリーンゲイブルズ

緑の切り妻屋根という意味のグリーンゲイブルズは、
モンゴメリのいとこの家がモデル。
現在、中は当時そのままに、物語が再現されています。
プリンス・エドワード島の北海岸、
ニュー・ロンドン湾の東側にあり、多くの人々が訪れます。

グリーンゲイブルズ page52

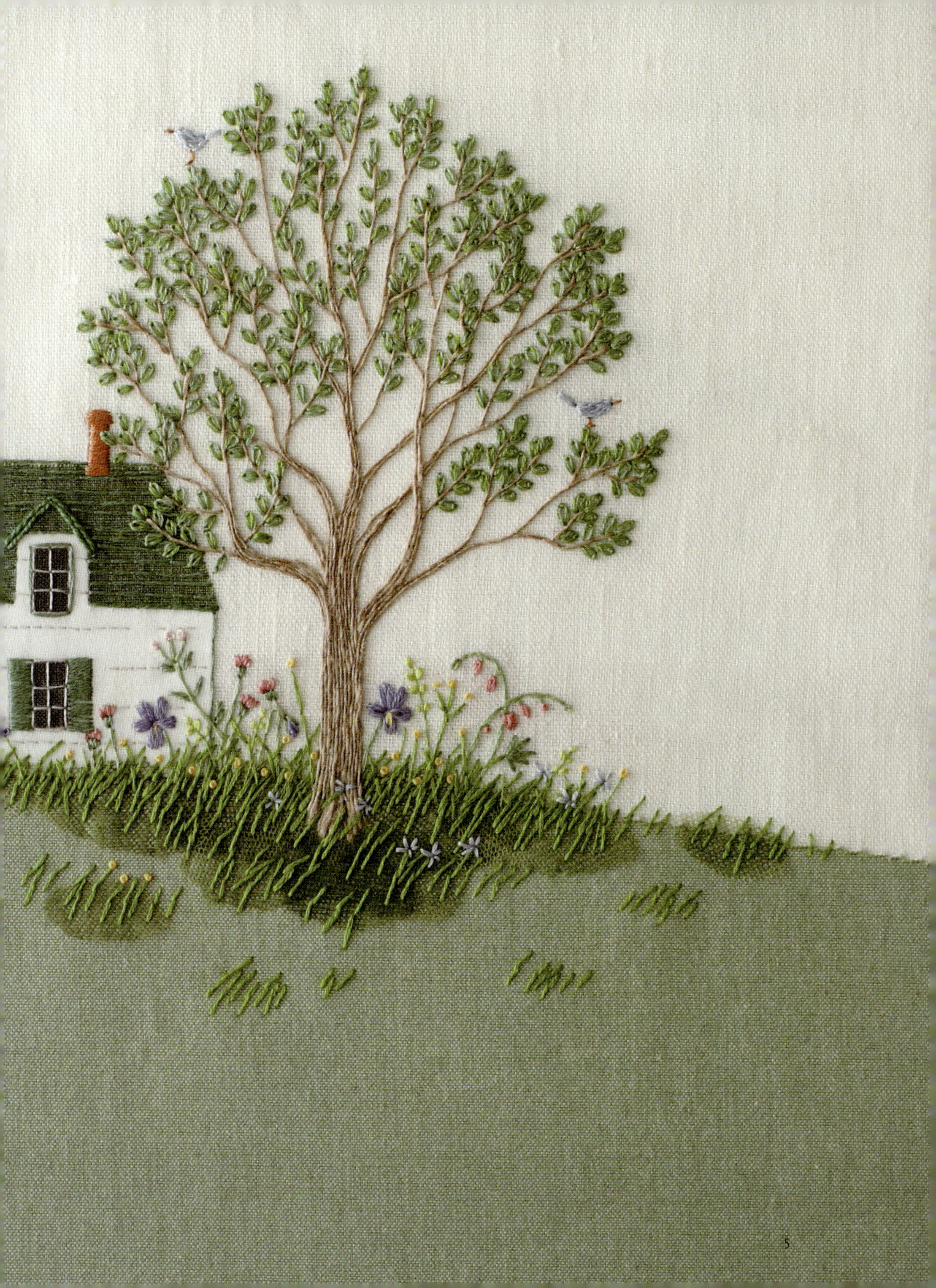

赤毛のアン　孤児だったアンは男の子を希望していたカスバート家に引き取られ、美しさを感じる心と豊かな想像力で、アン自身だけではなく、まわりの人たちも幸せにしていきます。物語を読む誰もが、ダイアナの次の二番目の腹心の友となって、森の中を歩き、お茶会の端に座って事の成り行きにハラハラしますが、いつも前向きのアンに励まされます。
作者のモンゴメリの時代はビクトリア様式で、インテリアやファッションもその時代のもの。生家には彼女の作ったスクラップブックが残っていて、流行に敏感でおしゃれなライフスタイルがうかがえました。
アンが何故、あれほどドレスに、そしてパフスリーブにこだわったかもよくわかりました。

ブーツ、アン・シャーリーのポートレート page56

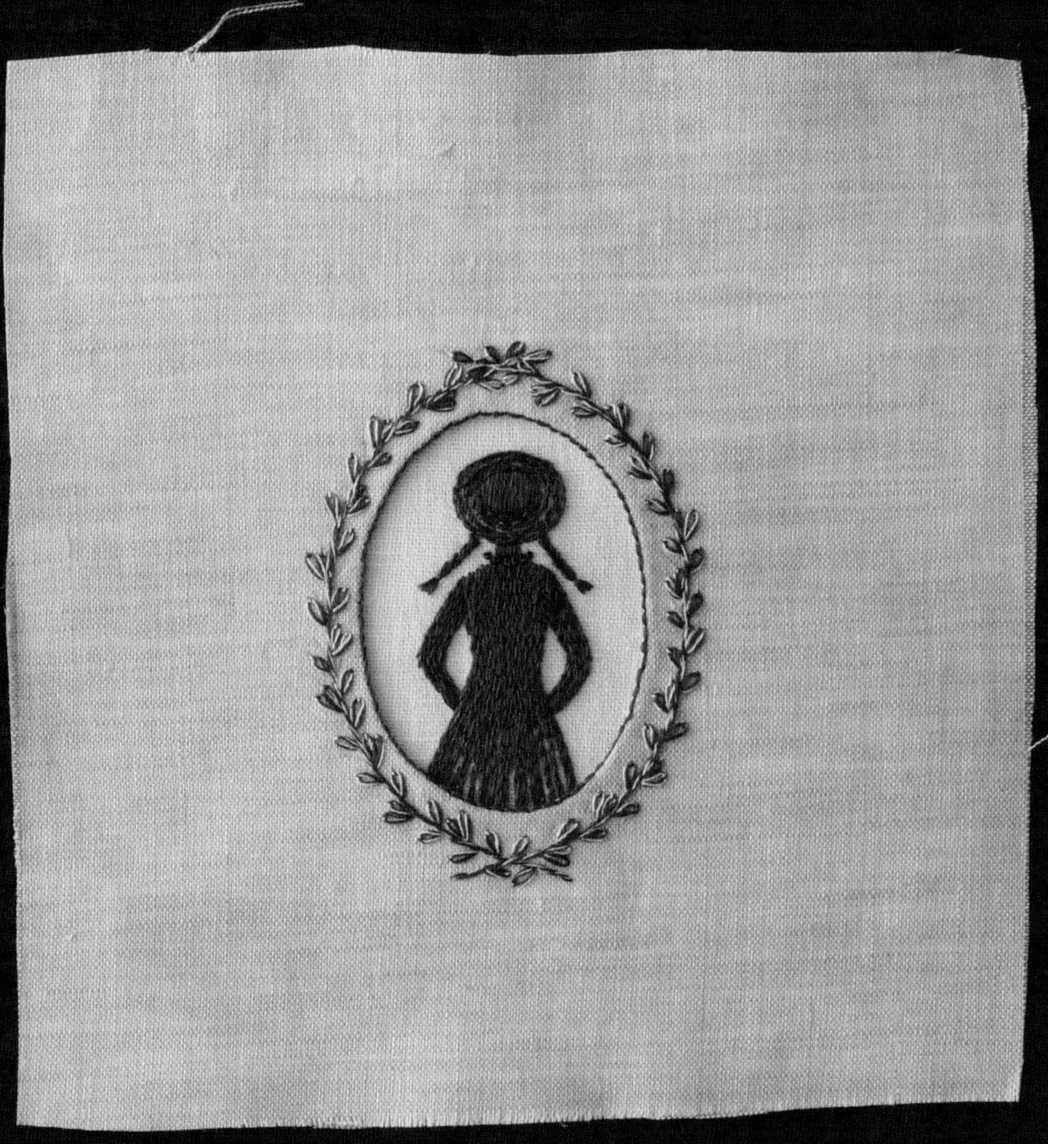

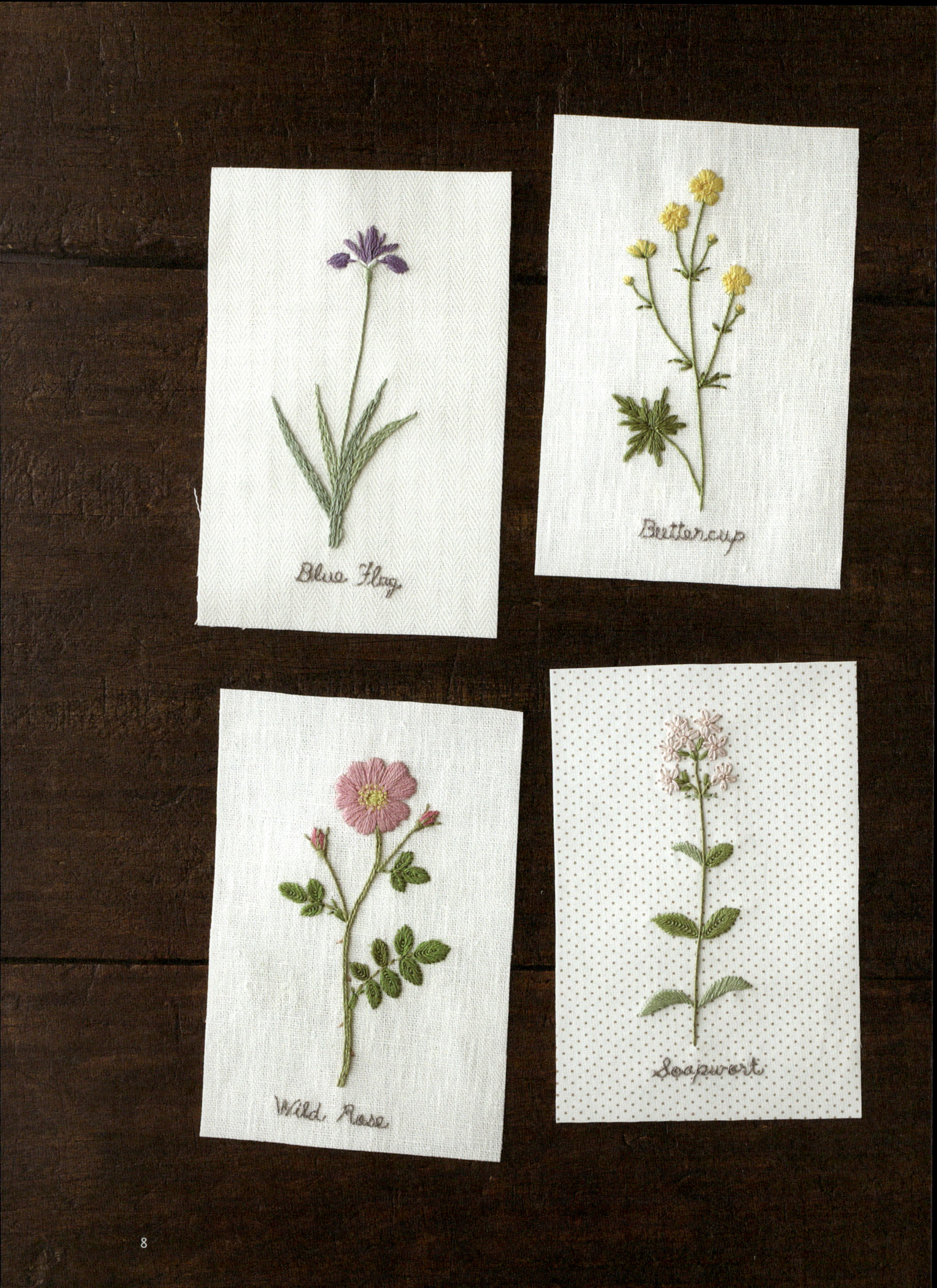
Blue Flag
Buttercup
Wild Rose
Soapwort

アンの愛した花　物語の中には、季節ごとに多くの草花が描かれています。中でも印象に残っているのは、アンが初めて教会に行く道すがら、帽子にこてこてに飾った野バラとキンポウゲ。キャベンディッシュ（アボンリーのモデルになった村）でよく見かける花です。グリーンゲイブルズの庭では、ブリーディングハートやブルーフラッグ、パンジーが花盛り。森や野原ではワイルドフラワーが咲いているので、アンが手を伸ばして花束を作る様子が目に浮かびます。

ストーリーの中に出てくる「ジューンベル」と名付けられたツインフラワーはモンゴメリの好きな花でもあり、ぜひ森の中で咲く姿を見たいと思っていました。そして、マシューのお墓に捧げられた白いスコッチローズも。

ブルーフラッグ、バターカップ（キンポウゲ）page57
ワイルドローズ（野バラ）、ソープワート（シャボンソウ）page58　帽子 page65

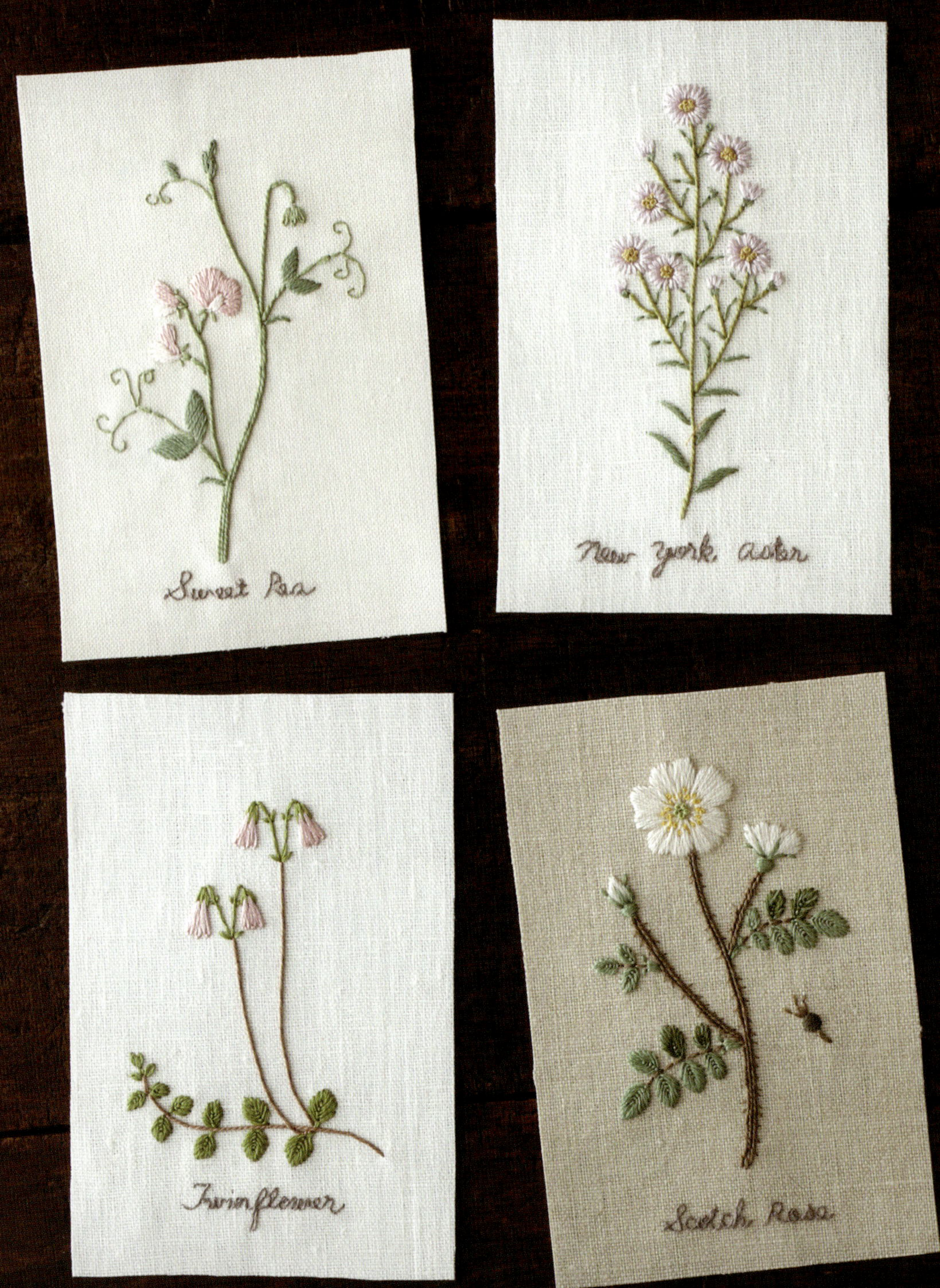
Sweet Pea
New York aster
Twinflower
Scotch Rose

スイートピー、アスター page59　ツインフラワー、スコッチローズ page60
スズラン、ハニーサックル（スイカズラ）page61　ブルーベル（ツリガネソウ）、ラベンダー page62

恋人の小径とお化けの森
キャベンディッシュでは、B&Bのキンドレッド・スピリッツ・カントリーインに滞在。グリーンゲイブルズへは林を通り抜ければ3分くらいなので、朝夕訪ねては一人でゆっくりと物語の世界に浸っていました。

恋人の小径やお化けの森は想像とは違っていましたが、毎日通ううちに、いつの間にか想像と経験が入れ替わり、本を開けば、リアルに木の重なりや土地の起伏が目に浮かびます。
木々の梢から光が差し込み、スポットライトを浴びた林床に咲くワスレナグサとキンポウゲを見たとき、その場所に名前を付けたくなる気持ちがよくわかりました。

ワスレナグサ、シマリス、スターフラワー page63
恋人の小径、モミの木の枝 page64

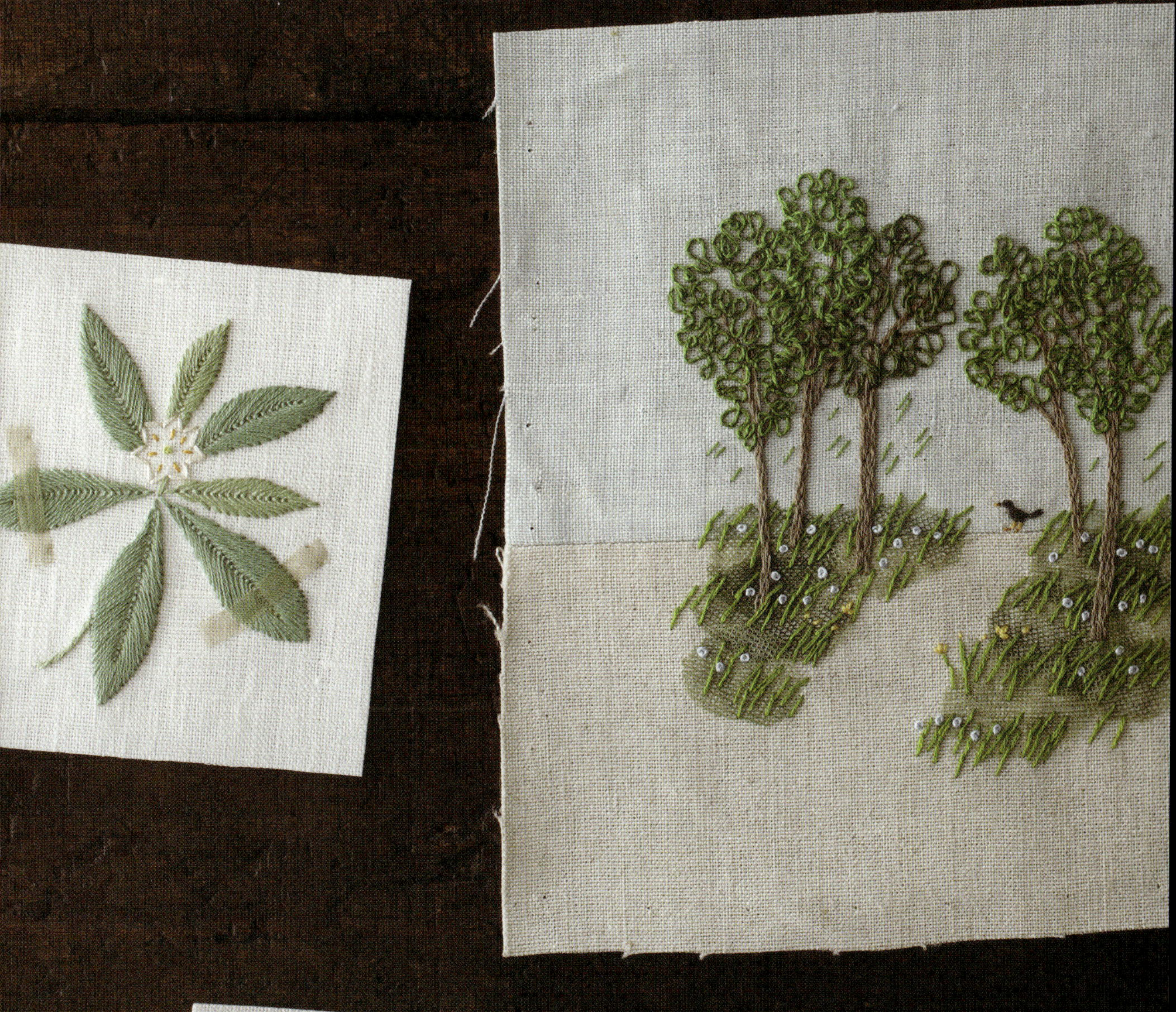

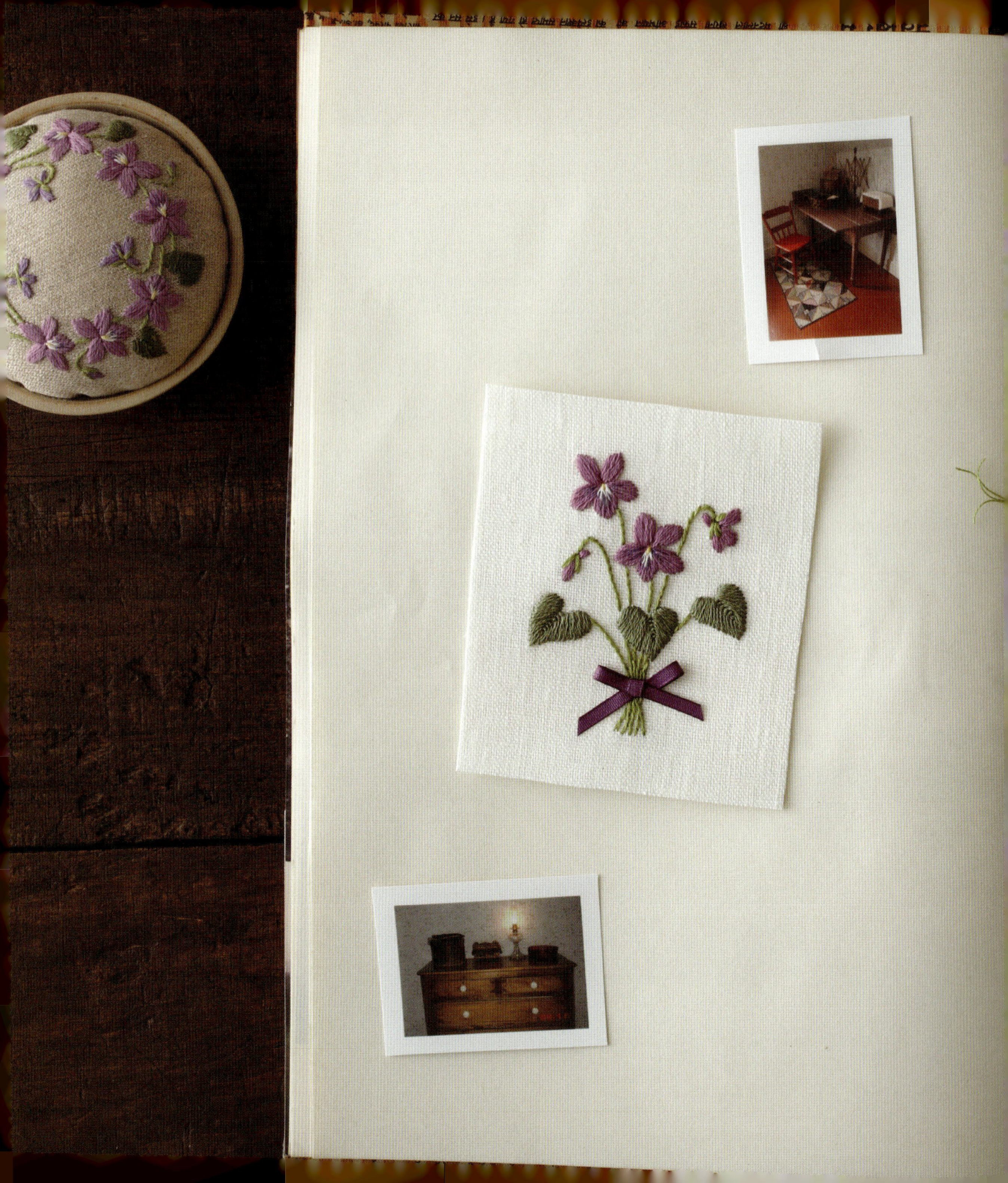

マリラのブローチ事件　紫水晶のブローチをめぐって、アンの想像力とピクニックがかかった騒動が起きます。

---- 紫水晶って、おとなしいすみれたちの魂だと思わない？

赤毛のアン 第13章

プリンス・エドワード島に咲くスミレはブルー・バイオレット。雪がとけた5月、メイフラワーとともに咲くそうです。
グリーンゲイブルズのマリラの部屋の隣は裁縫室でした。すべてが手作りだった当時は、裁縫室が必要なのですね。ドレスも手縫いかと思っていましたが、ミシンが置いてありました。

スミレのピンクッション page65　スミレ page66

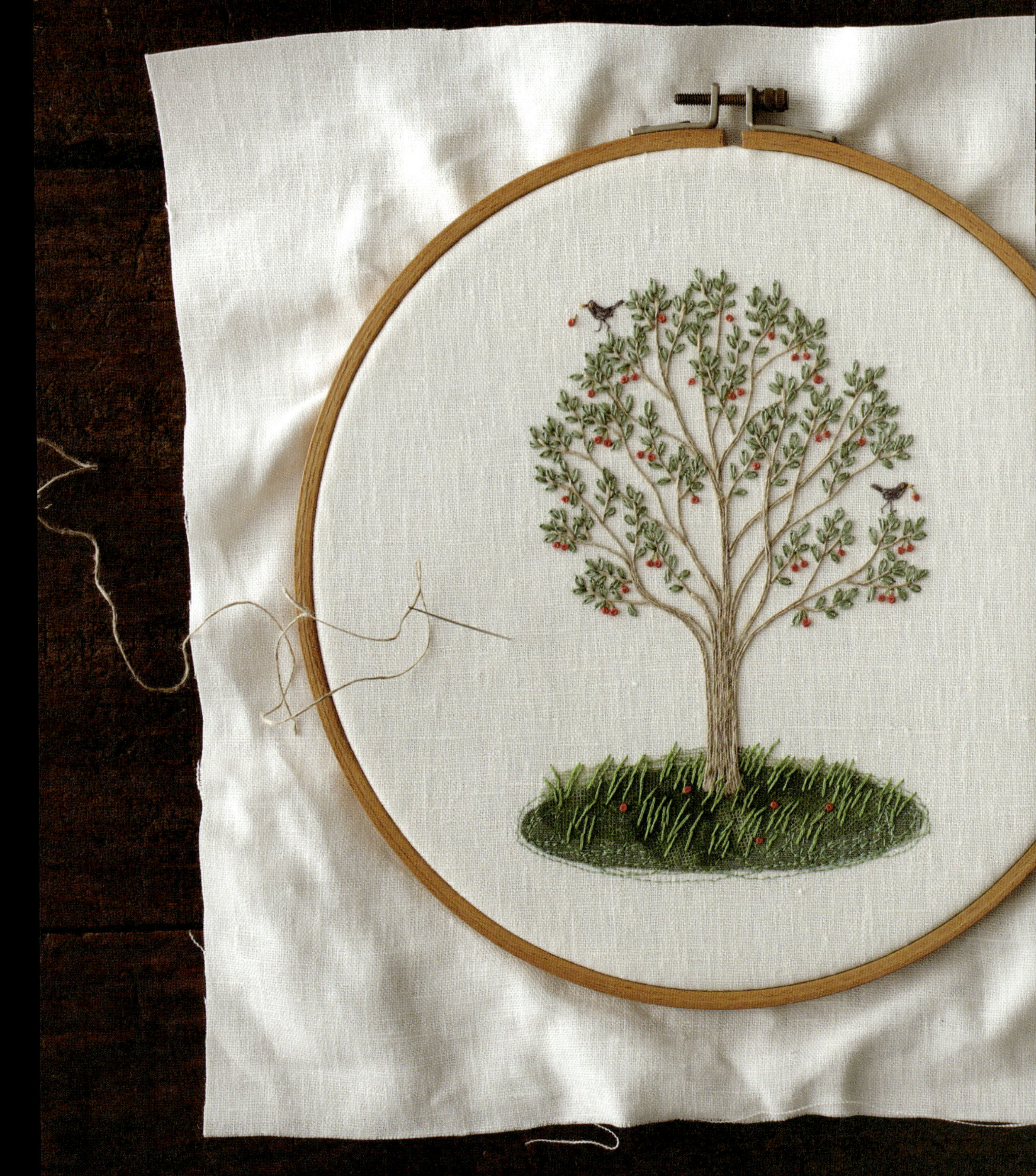

グリーンゲイブルズの木　モンゴメリは草花と同じくらい木を愛したそうです。特にマツがお気に入り。物語の中で、アンもマツが好きだと言っています。
アンの部屋の窓から見えるサクラの木は「雪の女王」と名付けられ、春には白い花が咲き、夏には小さなサクランボがなるそうです。
本を読み返すまでずっと「雪の女王」は、リンゴの木だと思っていました。サクラはピンクの花、リンゴは白い花と思い込んでいたから。グリーンゲイブルズには、果樹のほかに花の美しい木がたくさん植えられています。訪れた季節は、ちょうどライラックとサンザシの花盛り。微妙に色合いの違うライラックが咲き誇り、あたりは心地よい香りに包まれていました。

雪の女王、サンザシ page67　ライラック page84

プリンス・エドワード島の旅

アンの時代には咲いていなかったルピナス。今では島（以下PEI）の至る所で、初夏を彩る花になっています。
夏至の頃から少しずつ咲き出した花は、道沿いにリボンのように連なり、
しばらくすると群生して咲くようになりました。場所によって色の混ざり具合がちがっています。
きっとこぼれ種で、じわじわと増えているからなのでしょう。

ルピナスのメドウ page68

19

旅の手帳　旅行ごとにまとめやすい、ノートが交換できる旅の手帳を見つけました。手になじむ柔らかい革のカバー。
1冊のレフィルが1週間くらいなので、旅行に合わせて調整します。こまごました紙類を入れるオプションを入れても軽い。縦長のサイズでスケッチもしやすい。
写真も撮りますが、スケッチのほうが印象を強くとらえることができます。

上手に描こうと気負わなければ、さらさら描けます。旅行後にページを開いてみたら、メモもスケッチも食べ物と花ばかり。
撮った写真も同じでした。

Blue Winds
TEA ROOM
902-886-2860
New London
Prince Edward Island
Mark & Terry Kamikawa
Box 3014 Kensington, P.E.I.
CANADA
Quaint, Friendly,
Delightful,
Homemade Sweets,
Meals, etc.
USED BOOKS
ブラックバードが
飛んできた
ここだけクリーム色
足が黒くて太い
スケッチ中に
リスがうろついている
庭には
メドウグラスが
植えられている
ムスカリ

ワイルドフラワー　豊かな自然が残されたPEIでは、森や農耕地、広い湿地帯を含む入り江のほかに、広々とした野原や何でもない場所が点在しています。ただの草地に見えても、初夏を迎える頃いっせいにワイルドフラワーが咲き出します。
PEIの野原との出会いを確かなものにするために、まず街の本屋で、ワイルドフラワーの図鑑や自然のハンドブックを探します。手に入れた図鑑に、花と出会った日付と場所を書き込みます。花の名前を知ることで、より野原と親密に。
シャーロットタウンの中心に図書館があり、さらに詳しく調べたくなり立ち寄りました。

クローバー page71
バターカップ、ブルーアイドグラス、レッドクローバー、ダームズロケット、デビルズペイントブラッシュ、ホワイトカンピオン、タフテッドベッチ、ミツバチ page70

23

ワイルドローズ　夏至の頃にはまだ野バラ「バージニア・ローズ」は咲いていませんでしたが、道路沿いや森のふちを野バラの茂みがみっしりとおおい、一重のピンクの花が咲き出したら、島じゅうがきっと良い香り。

ハマナス系のロサ・ルゴサ、スズバラとも呼ばれるロサ・グラウカは咲いていました。このロサ・グラウカ、日本ではオールドローズ専門のナーサリーでしか手に入らないのに、ここではこぼれ種の小さい株をあちらこちらで見かけました。独特の葉色ですぐわかります。

モダンローズは少なくて、ワイルドローズの大株が多く、バラは木なんだと再確認。
PEI唯一のワイナリーの入り口にも、大きなワイルドローズが門柱のように並んでいました。

ワイナリーの犬、バラのつぼみ page71
ワイルドローズ2種 page72

Rosa rugosa

Rosa glauca

26

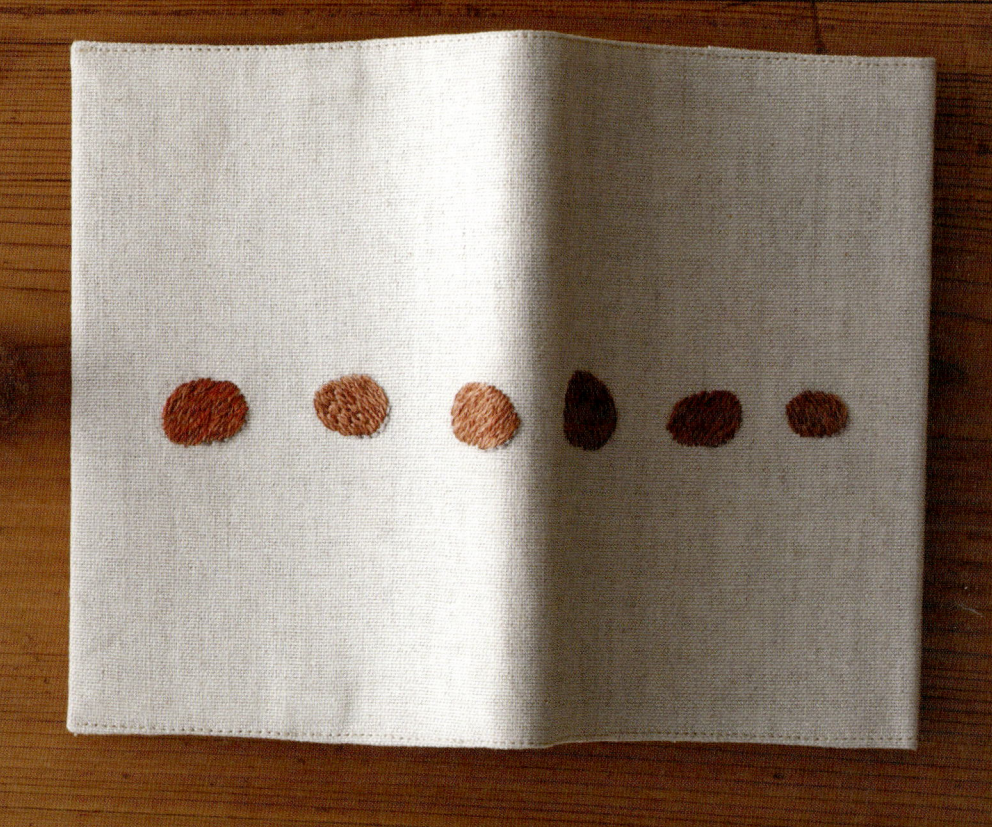

PEIの赤　PEIと言えば赤い土。アンの物語にも出てきます。鉄分が多く含まれているので赤く見えるのですが、場所によって少しずつトーンが違います。石も赤い砂岩です。
ブックカバーは糸を引きそろえて（数色の糸を混ぜて）刺しゅうしているので、砂粒らしく仕上がりました。

リンゴ、ロブスター、赤えんぴつ page73　砂と小石のブックカバー page74

PEIの家　個人宅の外壁は、ほとんど木のサイディングで、好みの色にペンキで塗られています。石の建物はシャーロットタウンの街なかくらい。わが家も木のサイディングで、北米からの輸入材料を使っているので、同じドアの家もありました。初めて訪れた街なのに、懐かしい気持ちになったのはそのため。
でも、何かが違うのです。郊外を車で走っている時、気がつきました。わが家のシンプルな切り妻屋根は、PEIでは納屋だったのです。そして、PEIの納屋のほうがずっと大きい。小さな納屋の家にこれからも住みつづけるのだから、せめて素敵な色に塗り替えようと、家の写真を撮りためました。家の形のシザーキーパーも好きな色にかえられます。

クロスステッチの家 page75

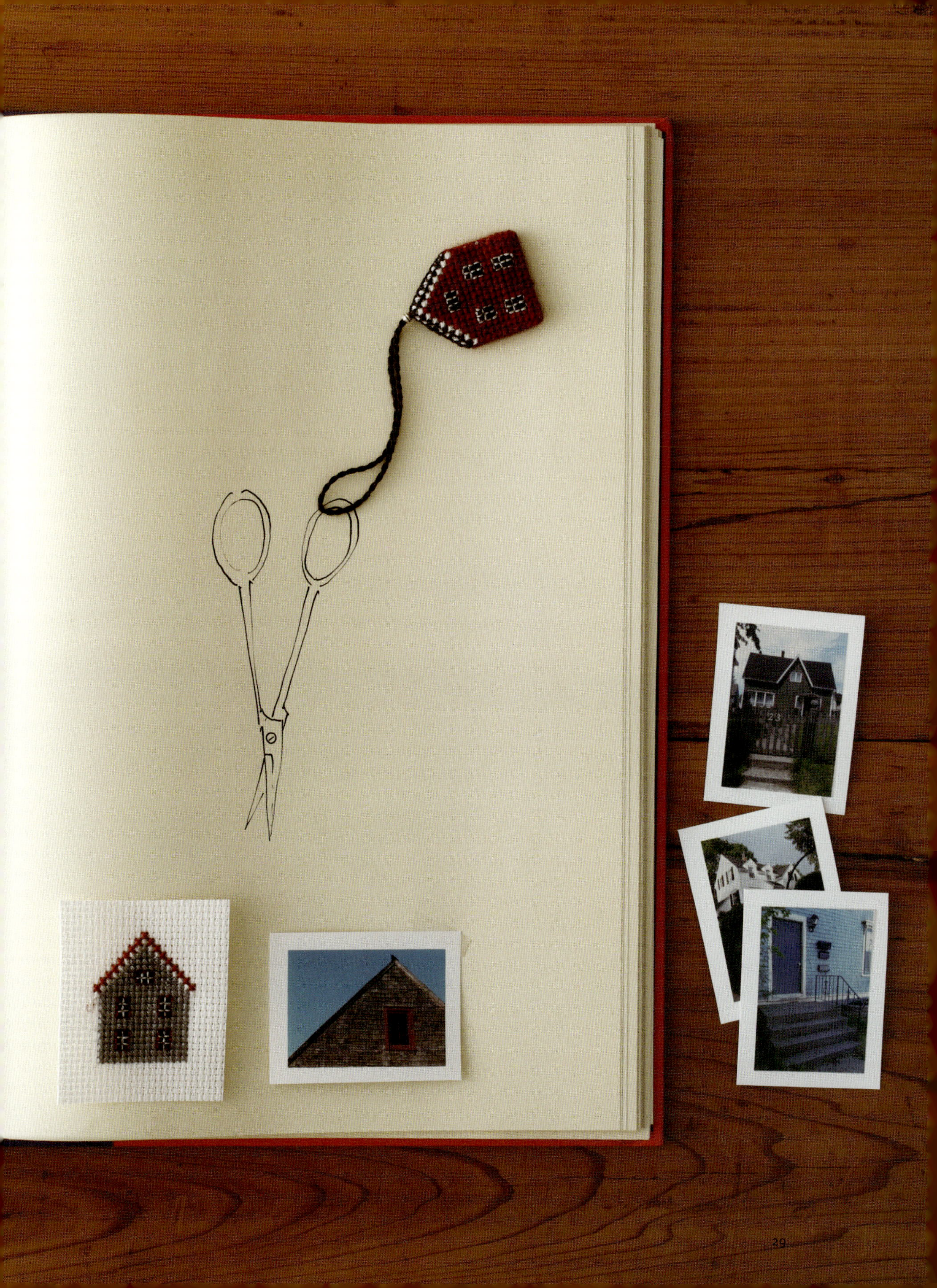

ベリーあれこれ 「PEIはベリーの島と言われるくらい、あらゆるベリーがあるのよ。ブルーベリー、クランベリー、ワイルドストロベリー、グーズベリーにカラント類、ハックルベリーなんかもあるの！」島を案内してくれたMさんは、まじめな顔で教えてくれました。
ベリーの季節にはまだ早いのが残念。そのかわり、ベリーにお酒をプラスしてジャムを作っている工房を訪れました。
B&Bに帰ったあと、テレビをみていると大量のクランベリーに胸まで浸かった2人の男性がCMに出ていました。クランベリーは窪地で栽培して、収穫時には水を張ってベリーを掬うそうです。きっと、あんな感じなのでしょう。大きいスーパーでは、ドライのベリーはカップで量り売りでした。ベリーの島のエピソード。

ブルーベリー、クランベリー、ワイルドストロベリー page76　ベリーのくるみボタン page77

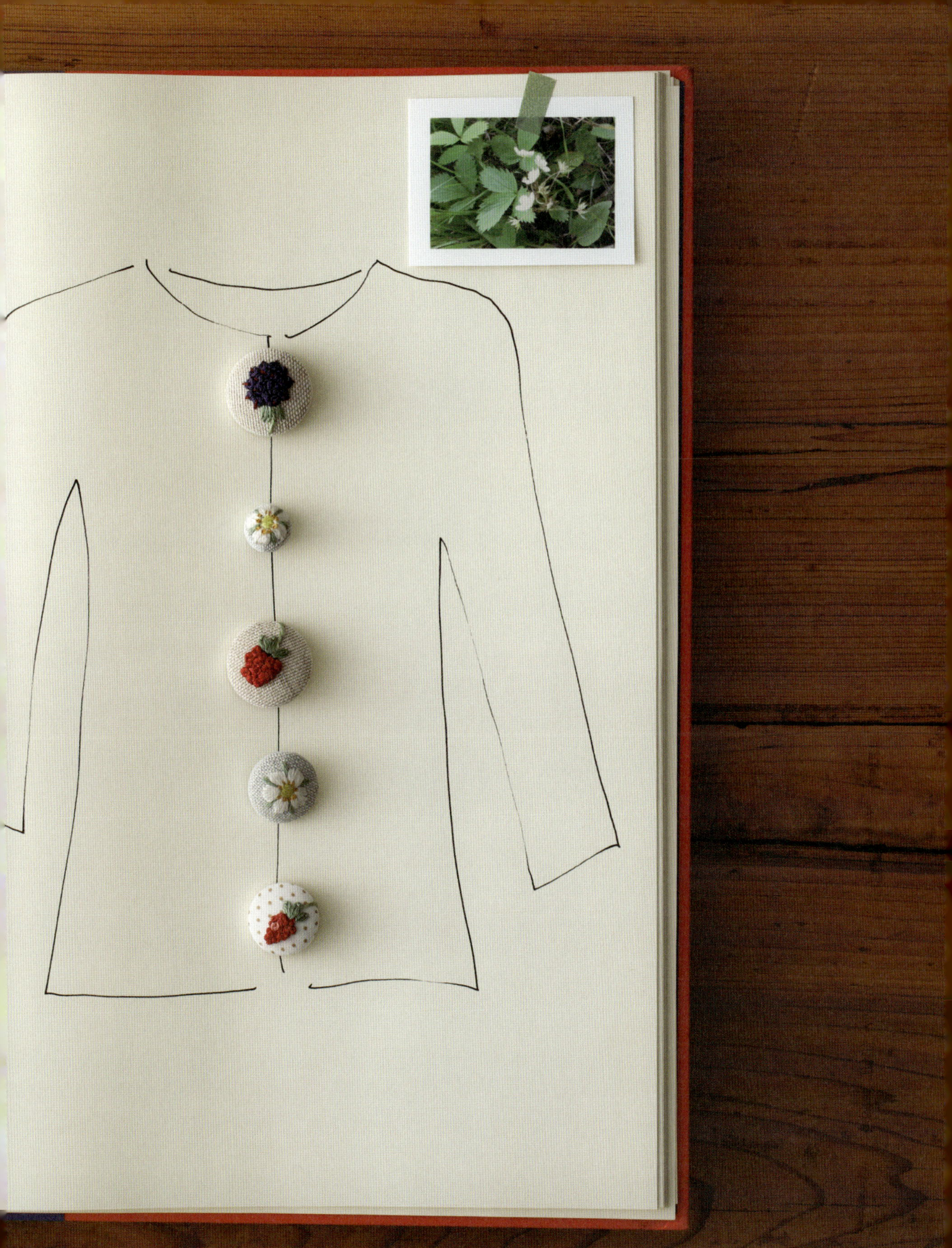

K

鳥に出会う　初めてシャーロットタウンを歩いたとき、頭上すれすれに何か青いものが通りすぎました。道路の端で、ブラックバードの群れがごはん中。
ビクトリア公園では、頭に赤いスポットのあるキツツキが、木の幹にへばりついていました。
本屋でワイルドフラワーの本は1冊。古本屋でも1冊だけ。花よりも鳥のほうが人気なのか、鳥の本は何種類もありました。
これほど身近に鳥がいるのに、アンの物語にはあまり鳥が登場しません。

ブルージェイの羽根 page77　巣箱、鳥の巣、ブルージェイ、アメリカンロビン page78

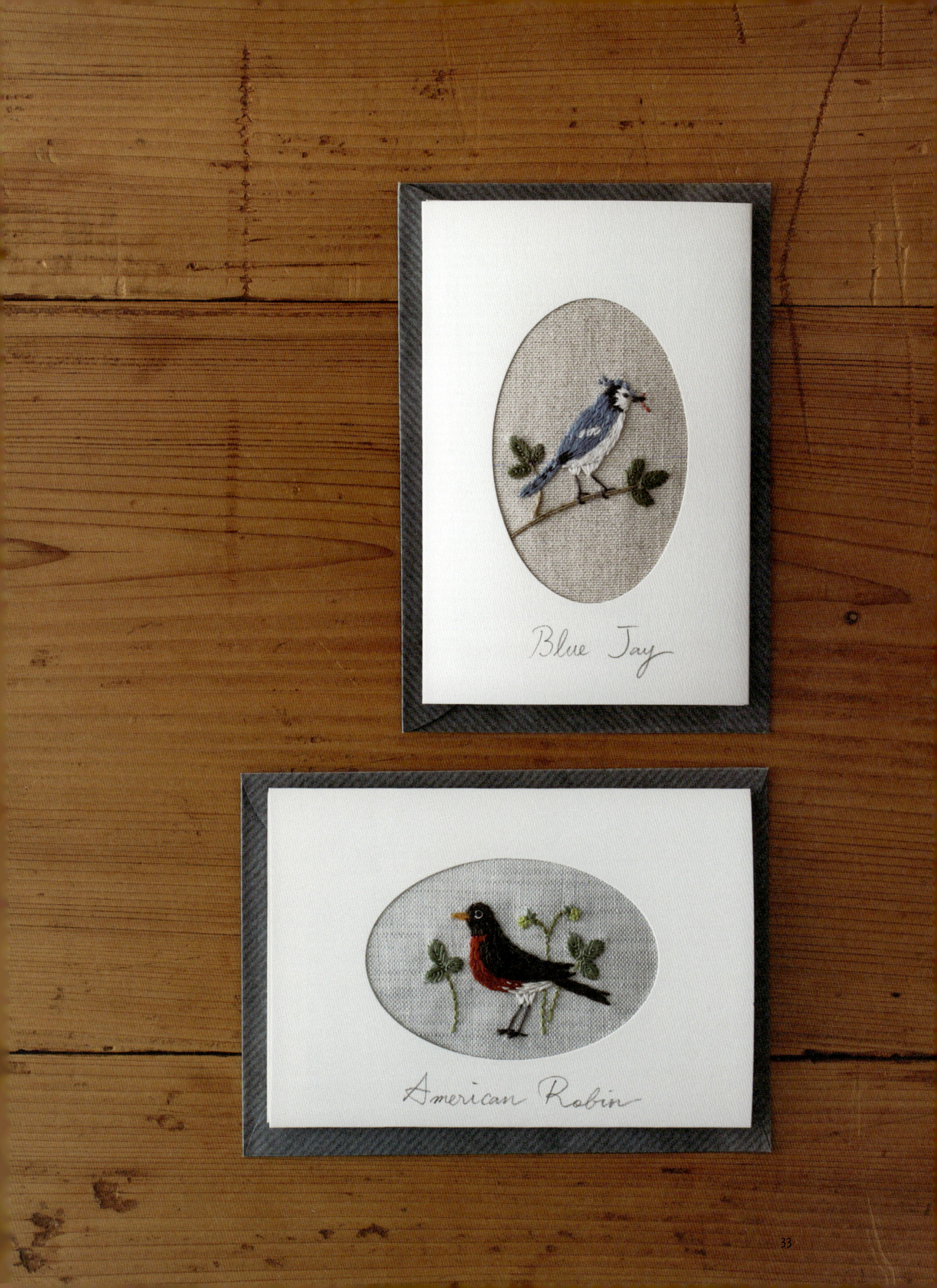
Blue Jay
American Robin

ブルーウィンズ・ティールーム 『「赤毛のアン」のお料理BOOK』の著者テリー神川さんは、ニュー・ロンドンでブルーウィンズ・ティールームをオープンしています。道から少し奥の、木々に囲まれたこぢんまりとした家。
テーブルに庭の花が飾ってあり、久しぶりにほっとしました。街なかのカフェやB&Bでは、花がテーブルになかったから。
ここは地元でも人気です。テリーさんのおいしい食事と甘さ控えめのデザートに、ゆっくりとくつろぐことができるからでしょう。店の中はブルーにペイントされていて、窓を開けるとブルーの風が吹き込んできそうです。
ブルーウィンズ・ティールームに合わせて、ブルーの花のドイリーを。

ムスカリ、ヤグルマソウ、シルバリーブルー（蝶）、ドイリー page79

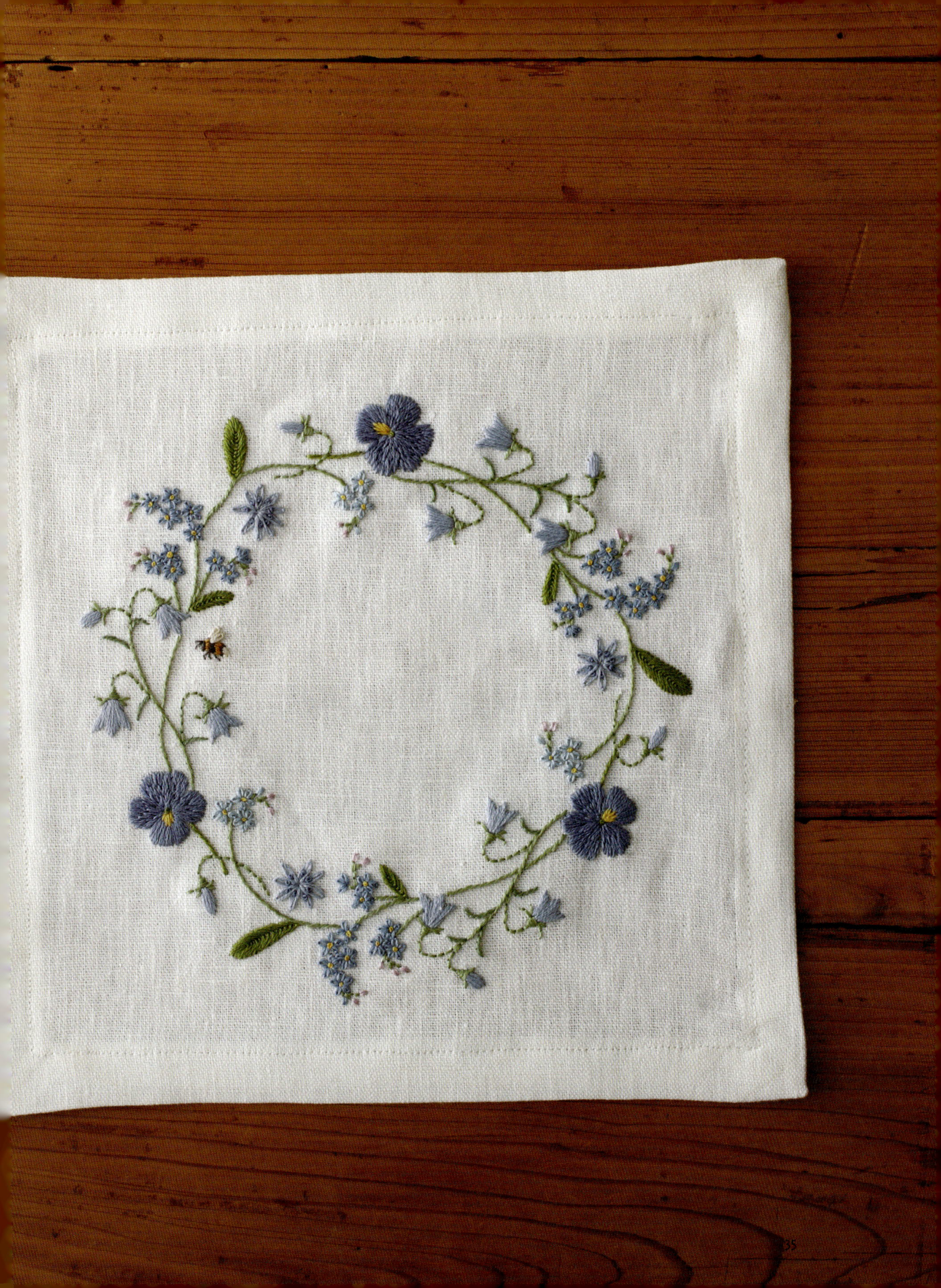

灯台めぐり　ミックマックの人々が32種類あると言ったPEIの緑色。様々な緑の中を通る道が、灯台を結んでいました。
灯台守の住む赤い屋根の家が付いたウッドアイランド・ライトハウス。映画「アンを探して」にも出てきました。

ふっと目の前が開けると、崖っぷちに立つケープベア・ライトハウスに、木製では最も古いポイントプリム、ストライプが印象的なウエストポイント。
灯台めぐりの途中の道にはワイルドフラワーが咲き、ウサギをくわえた狐が飛び出してきたことも。
灯台めぐりなのに、ずっと森の中でした。

＊ミックマック＝カナダのネイティブの種族

クロスステッチの灯台…ウッドアイランド、ケープベア、ポイントプリム、パンミュールヘッド、ウエストポイント　page81

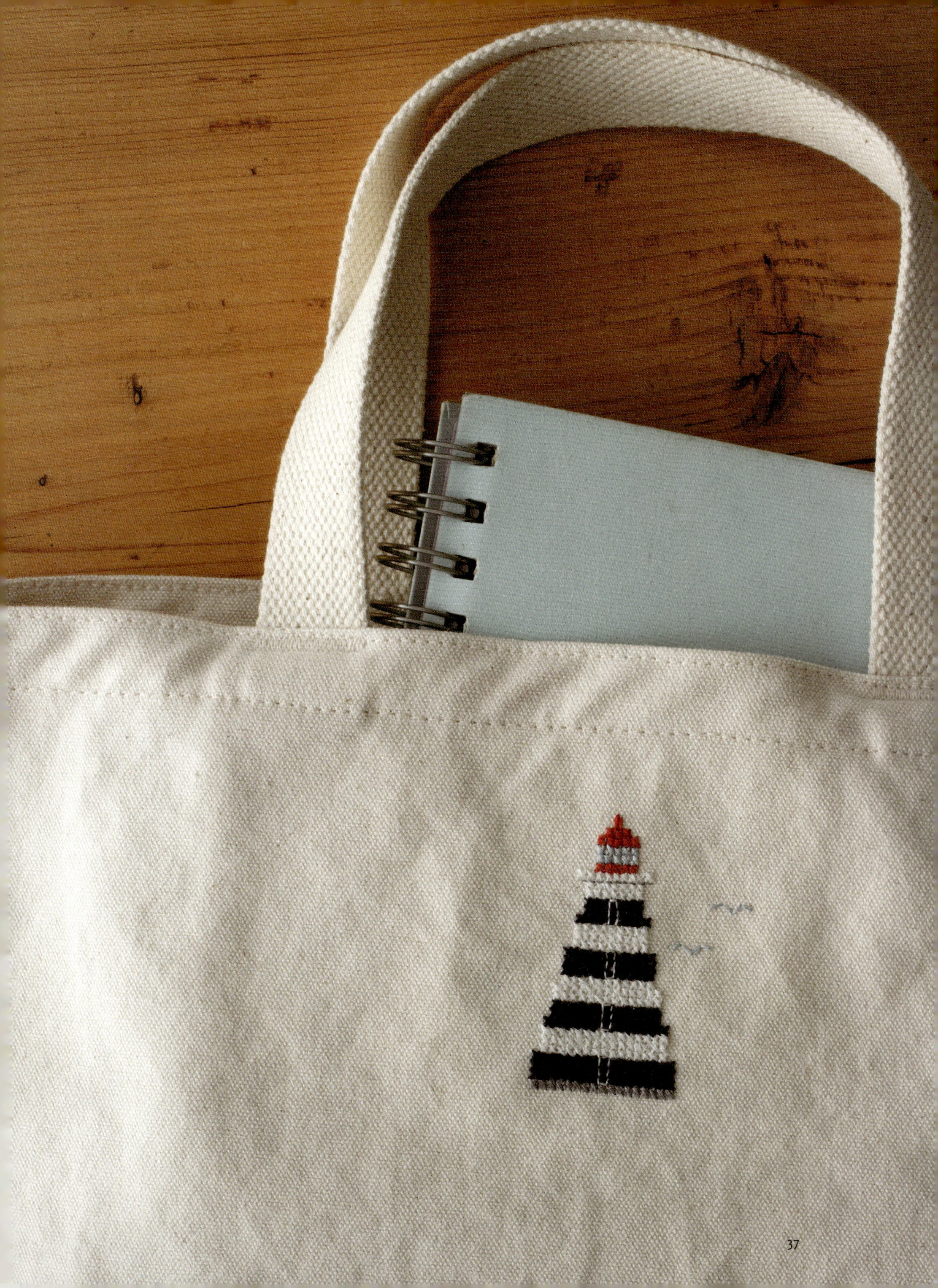

へリテージインに泊まる　昔からの小さなホテルやアットホームなB&Bが居心地よく感じます。シャーロットタウンには、いくつかの大きなホテルのほかに、B&Bが数多くあり選ぶのに迷います。
その中のヘリテージインの一つ、シップライトインに滞在しました。オーナーのジュディさんとトレバーさんのファミリーネームは「パイ」。「赤毛のアン」のパイ家は良い印象ではなかったけれど、シップライトインのパイ夫妻はとてもすてき。インテリアも2人が手がけ、船にまつわる小物やアンティークが取り入れられています。
古い木の床の部屋に帰ってくると、思わず「ただいま」と言ってしまいそう。
シップライトインのマリンモチーフをワンポイントに。

＊ヘリテージイン＝貴重な昔の建物を利用したホテル

いかり、ヨット、浮き輪、ヒトデ、釣り針 page82
いかりのきんちゃく page83

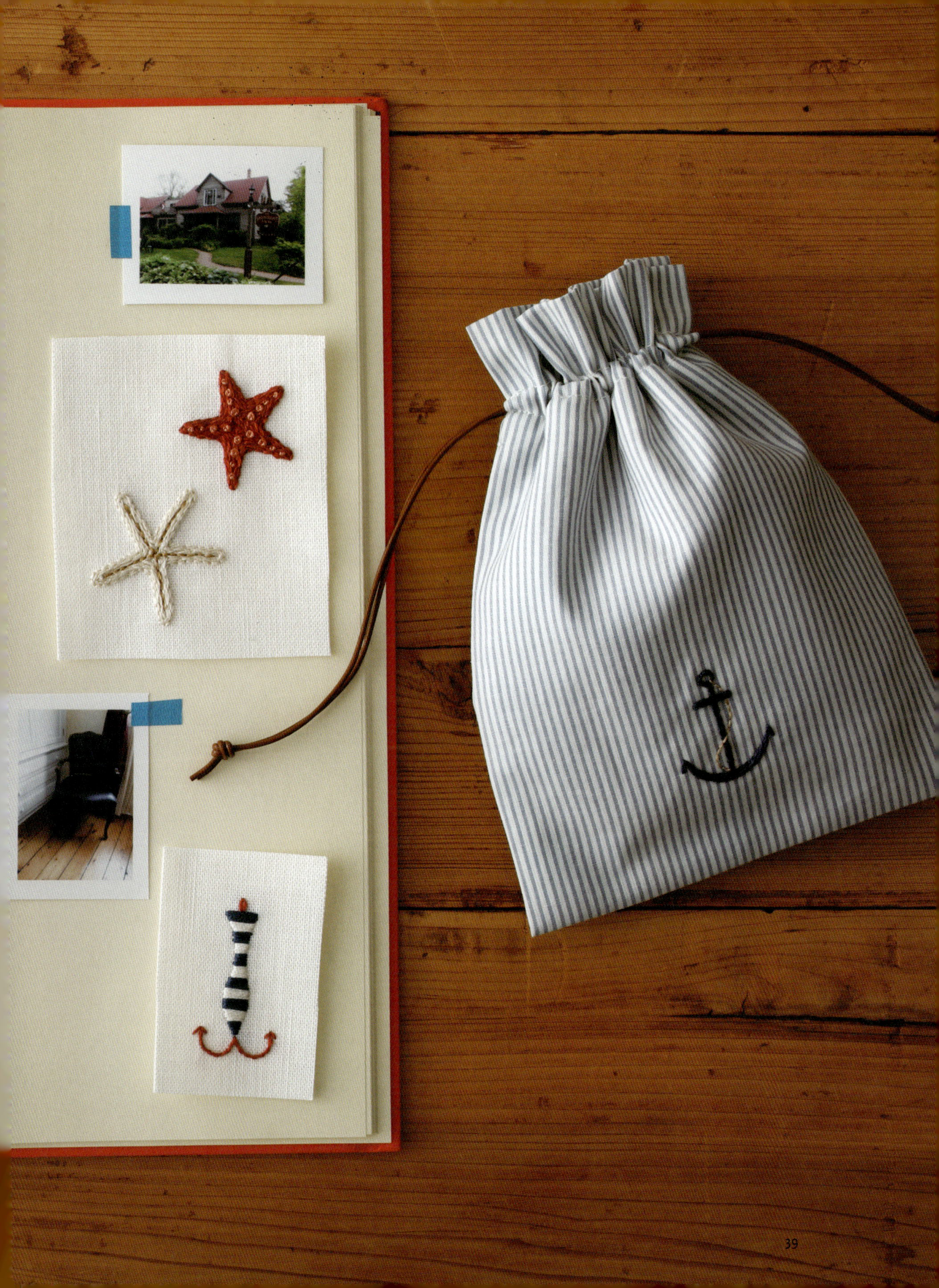

ポテトの島　プリンス・エドワード島と言えば、「赤毛のアン」と答えるのが日本の元少女たちだとしたら、カナダの人たちは「ポテトの島」と答えます。
州としては小さいのに、ポテトの生産量はとても多く、赤い土が栽培に適しているそうです。

農業だけではなく、島という立地条件のもと海の幸にも恵まれ、フィッシュ＆チップスで手軽にその両方を味わうことができます。
シャーロットタウンのシーフードのお店で、地元の年配のグループが、フィッシュ＆チップスをゆっくりゆっくり食べながら、楽しそうにおしゃべりをしていました。
しばらく滞在すると、PEI はアンの島よりポテトの島と思うようになってきます。

ポテト、ポテト一家 page84　ボタニカルアート風ポテト図 page85

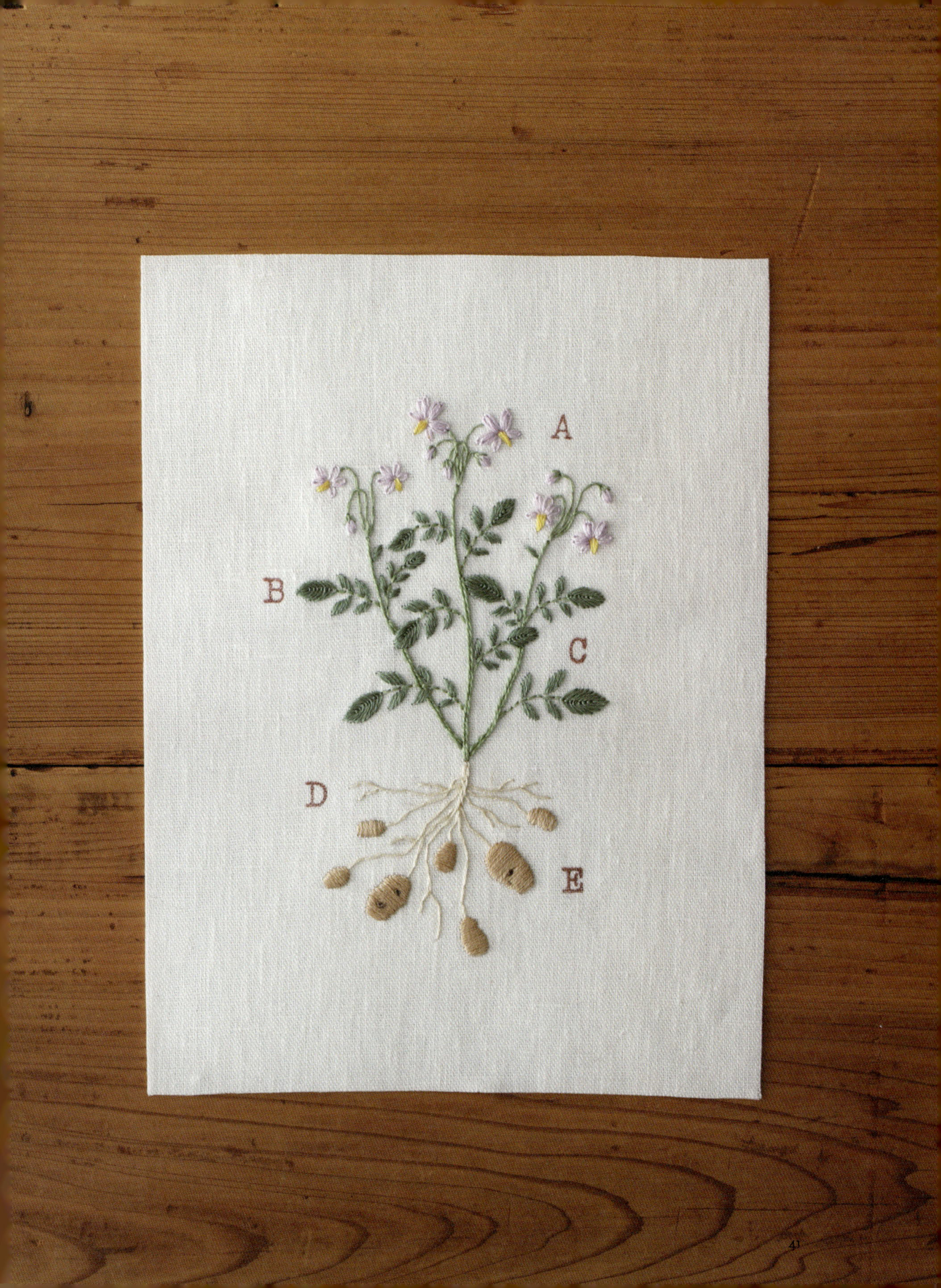
A
B
C
D
E

ファーマーズマーケットに行く　地元のマーケットはいつもワクワクします。
とれたての野菜。畑の隣の花畑から摘んだブーケ。
マッシュルームに大きな野生のキノコ。小枝で作ったリース。
ローカルフードいろいろ。
この土地の草を食べて育った牛や豚のお肉が売られています。ジリジリ焼いているソーセージもおいしそう。PEIのメイプルシロップもありました。
マーケットには昔から変わっていない何かがありました。
その中で目を引いたのは、布小物のショップのサンドイッチバッグ。中袋はビニールで、直接パンを入れるのだとか。
マーケットのハーブをモチーフに、CDがぴったりおさまる小物入れにしてみました。

ラディッシュ、ブーケ、レタス page86　ハーブの小物入れ page87

43

ガーデンショップめぐり　自転車を借り、ヘルメットをかぶってシャーロットタウンを走りまわりました。

普通の暮らしの中を自転車で走っていると、日常の空気感はどこも変わらない。道に沿って電信柱と電線があるおなじみの風景。郊外のガーデンショップに、華やかな一年草が並んでいました。自宅近くのホームセンターと同じ品揃えに、かえって驚いたけれど、一つ一つのポットは大きい。ハンギングバスケットは、多種の花を組み合わせるのではなく、1種の花でボリューム感たっぷり。種のコーナーでワイルドフラワーミックスを見つけました。

自転車、ハンギングバスケット page88　種入れ page89

45

旅のお買い物　これだけは買うと目星をつけていくものと、成り行きで買ってしまうものがあります。どちらにせよ、高価なものはなく日々の暮らしで使えるもの。その土地の図鑑類は、便利な世の中になったとはいえ、手に入りにくいので、真っ先に本屋に行きます。あとは、バスケットにガーデングッズ、ローカルフーズなど。旅先で買って、毎日使っているものがずいぶん増えました。

HOW TO EAT A LOBSTER

1. TWIST OFF THE CLAWS
2. CRACK CLAW WITH NUTCRACKER
3. SEPARATE THE TAILPIECE FROM BODY BY ARCHING THE BACK TIL IT CRACKS
4. BEND BACK AND BREAK FLIPPERS OFF TAILPIECE
5. INSERT FORK WHERE THE FLIPPERS BROKE OFF & PUSH
6. UNHINGE THE BACK. THE "TOMALLEY" OR LIVER, A DELICACY TO MANY LOBSTER EATERS, WILL TURN GREEN WHEN BOILED
7. OPEN THE BODY, CRACK IT SIDEWAYS. THERE IS GOOD MEAT IN THIS SECTION
8. THE SMALL CLAWS ARE EXCELLENT EATING - SUCK THE MEAT OUT

and a maximum of product forms.

Woodlawns pure Maple Syrup 250 ml PEI

PRINCE EDWARD ISLAND
FOREVER ANNE
ANNE OF GREEN GABLES
L.M. MONTGOMERY
PASSPORT

PRINCE EDWARD ISLAND
N.B. — P.E.I.
L'ÎLE-DU-PRINCE-ÉDOUARD
200 g POTATO BAG CHIPS
SACS DE CROUSTILLES
REGULAR FLAVOUR / SAVEUR ORDINAIRE

47

PEIの昔からの習慣
「出会った誰にでもあいさつをする」

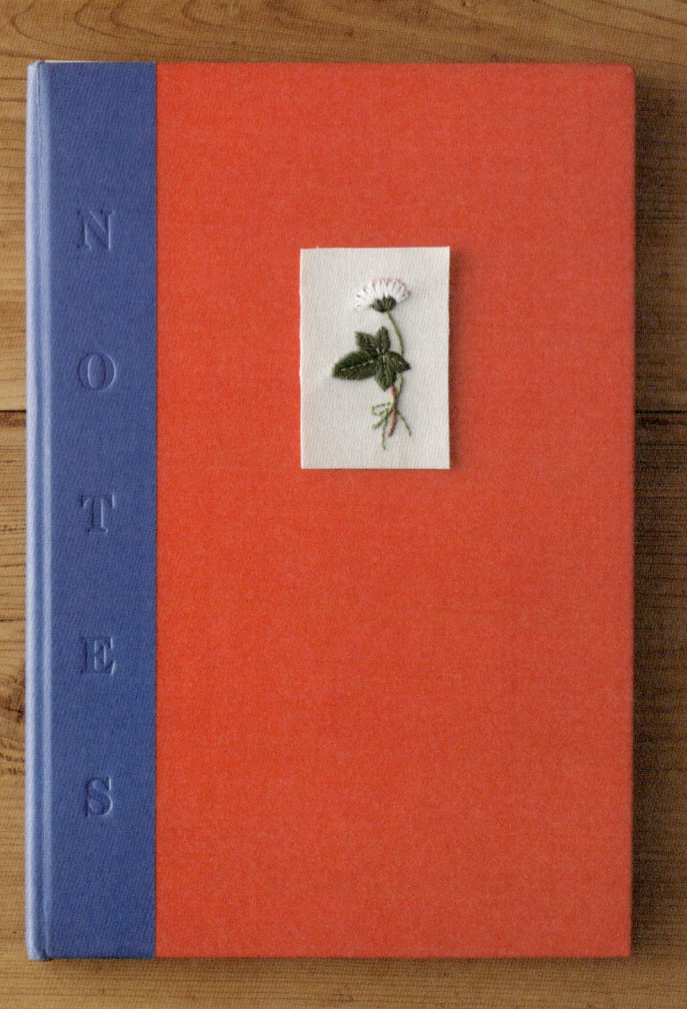

B&Bの隣の家の年配の女性が、朝の散歩に出かける私に「おはよう」。
交差点に立っていると、顔の表情で「先に行きな！」と止まってくれる
ピックアップトラックのドライバー。
道路の両脇の歩道ですれちがう時、軽くあいさつをする。
観光客だとわかっていても、あいさつをしてくれます。
私が近所を歩くとき、誰にでもあいさつをするだろうかと考えてしまった、PEIでの出来事。

デイジー page89

刺しゅうをするときに

- **糸のこと** この本では、すべてアンカーの刺しゅう糸を使用しています。糸の色は材料と図案に番号で示してあります。
5番刺しゅう糸はそのまま1本どりで刺しゅうします。25番刺しゅう糸は細い糸6本でゆるくよられているので、使用する長さ(50～60cmが最も使いやすい)にカットした後で1本ずつ引き抜き、指定の本数を合わせて使います(この本では指定がない場合は3本どり)。
図案で5番と指定のある太線は5番刺しゅう糸を使用します。それ以外は25番です。2色以上の糸を合わせて針に通して刺しゅうすることを、「引きそろえ」と言います。色が混ざり合って深みが増し、効果的です。糸のロット、撮影の状況や印刷により、実際の作品の色と多少異なる場合があります。
また、お手持ちの刺しゅう糸を使う場合は、写真を参考に合わせてお使いください。

- **針のこと** 刺しゅう糸と針の関係はとても大切。糸の太さに合わせて、針を選んでください。
針先のとがったものを使用します。
5番刺しゅう糸1本どり……フランス刺しゅう針No.3～4
25番刺しゅう糸6本どり……フランス刺しゅう針No.3
25番刺しゅう糸4本どり……フランス刺しゅう針No.5
25番刺しゅう糸2～3本どり……フランス刺しゅう針No.7
25番刺しゅう糸1本どり……フランス刺しゅう針No.9または細めの縫い針

- **図案のこと** 図案は、実物大(一部、縮小したもの)を掲載しています。
拡大して使用する指示がある場合はそのサイズにし、トレーシングペーパーに写し取ります。さらに、布地の表面にチョークペーパー(グレーがおすすめ)と図案を描いたトレーシングペーパーを重ねて、布地に写します。または、ピーシングペーパーに図案を写し取り、布地にアイロン接着する方法もあります。ざっくりした麻布は図案が写しにくいので、ピーシングペーパーのほうが向いています。

- **布地のこと** 作品の多くには、麻100％、麻50％と綿50％程度の混紡、綿100％を使っています。
刺しゅうをするベースの布地の裏面には必ず片面接着芯(中厚程度)をはります。布の伸びがなくなり、裏に渡った刺しゅう糸が表側に響かず、仕上りが格段によくなります。ただし、クロス類に仕立てるものにははらない場合もあります。
本の中には、ポストカードサイズやワッペンのようにカットした作品もありますが、刺しゅうをするときには布地は枠に合わせたサイズを用意します。また、パネルや額に入れる場合は、材料の使用量を参考に、図案のまわりに余白を10cm以上つけておきます。
クロスステッチをしている部分はクロスステッチ用の布か、抜きキャンバスを使って好みの布に刺しゅうをします。抜きキャンバスのときはクロスステッチ用の針ではなく、とがった針を使用してください。
透けない布でアップリケするときは、裏面に両面接着芯をはり、図案どおりにカットして、土台布にアイロンで接着してから、刺しゅうをします。チュールやオーガンジーリボンは、透明糸を使ってなるべく目立たないようにとめつけます。

- **枠のこと** 刺しゅうをするときは、布地を枠に張るときれいに仕上がります。小さいものは丸枠、大きなものはサイズに合わせて、文化刺しゅう用の四角の枠を使います。

- **仕立てのこと** 刺しゅうが終わったら、裏からスチームアイロンで軽く整えて、好みのサイズにカットします。
パネルに仕立てる場合は、仕上りサイズ(刺しゅうのまわりに余白分をプラスしたサイズ)の厚さ1mm程度のイラストボードや厚紙などのパネルを用意します。刺しゅうした布地は仕上りサイズに折り代分を5cmくらいつけて余分をカットし、パネルをくるみ、製本テープではってとめます。布地が重なって角が厚くなる場合は、内側に折り込まれる分の折り代をカットします。

刺しゅうのステッチ

図案の中では、ステッチを「S」と省略しています。

ランニングステッチ

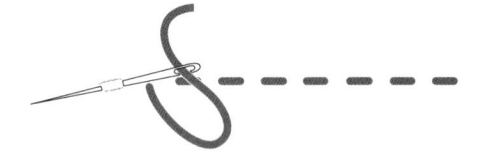

バックステッチ

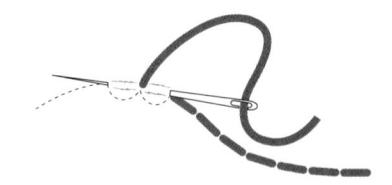

アウトラインステッチ

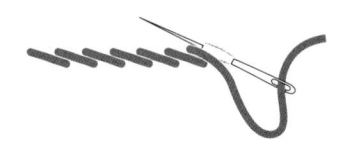

スプリットステッチ

コーチングステッチ

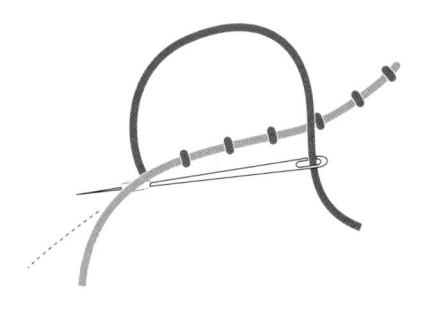

レゼーデージーステッチ

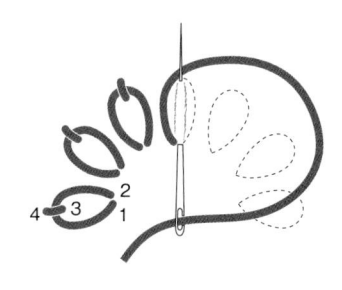

フレンチナッツステッチ
（2回巻きの場合）

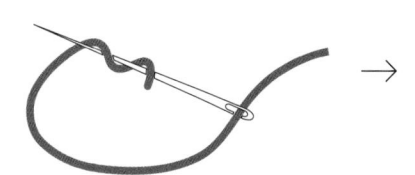

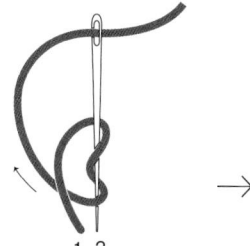

サテンステッチ　　リーフステッチ　　ブランケットステッチ

スパイダーウェブステッチ

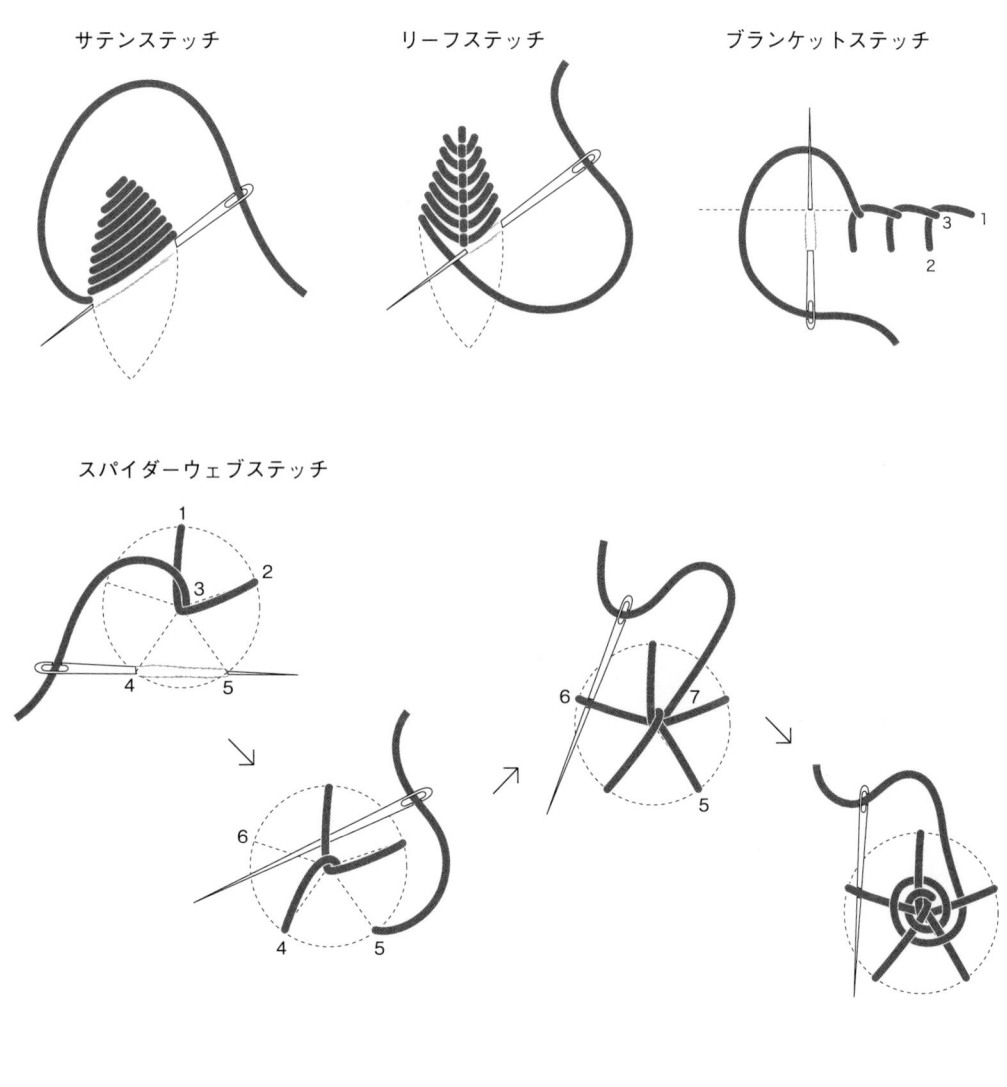

ストレートステッチ　　クロスステッチ

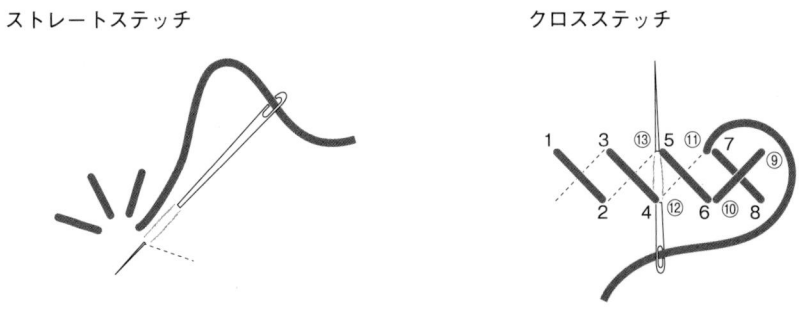

グリーンゲイブルズ
page04

図案　実物大
材料
アンカー刺しゅう糸
5番＝216
25番＝216、215、261、256、254（以上グリーン系）、
　　　305、1020、895、144、176、369、392、234、1041

麻糸(5番刺しゅう糸程度の太さ)、透明糸
布地　土台のリネン(白)　40×50cm
　　　綿シャンブレー(グリーン)　15×48cm
　　　リネン(チャコールグレー)　適量
　　　リネン(濃いグリーン)　適量
　　　綿サテン(土台のリネンより白いもの)　適量
ポリエステルチュール(グリーンむら染め)　適量
接着芯　40×50cm
両面接着芯　適量

234
2本どり
ランニングS

144
2本どり
スプリットS

1041
1本どり
フレンチナッツS

369
ストレートS

216
5番を25番1本どりで
コーチングS

216
2本どり
コーチングS

リネン
(濃いグリーン)

216
5番を
25番1本どりで
コーチングS

234
2本どり
バックS

綿サテン(白)

216
2本どり
サテンS

305
フレンチナッツS

234
1本どり
ストレートS

1020
ストレートS

261
コーチングS

895
ストレートS

144
2本どり
ストレートS

261
ストレートS

215
ストレートS

リネン
(チャコールグレー)

176
フレンチナッツS

234
1本どり
ストレートS

216
1本どり
バックS

216
スプリットS

1041
スプリットS

369
バックS

369
フレンチナッツS

234
スプリットS

綿シャンブレー
(グリーン)

＊リネン2色と綿サテン、綿シャンブレーは、
　両面接着芯で土台のリネンにはる。

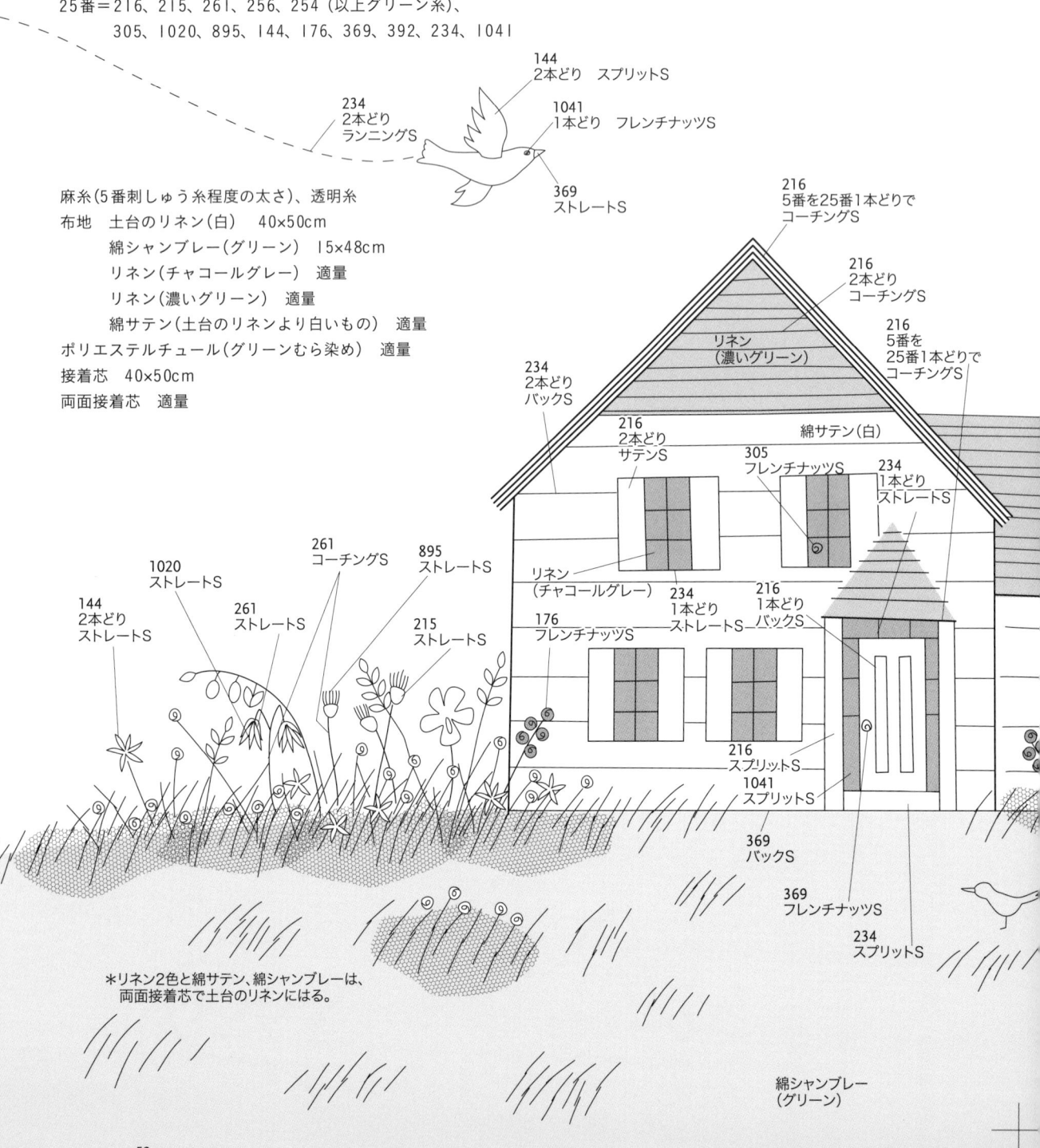

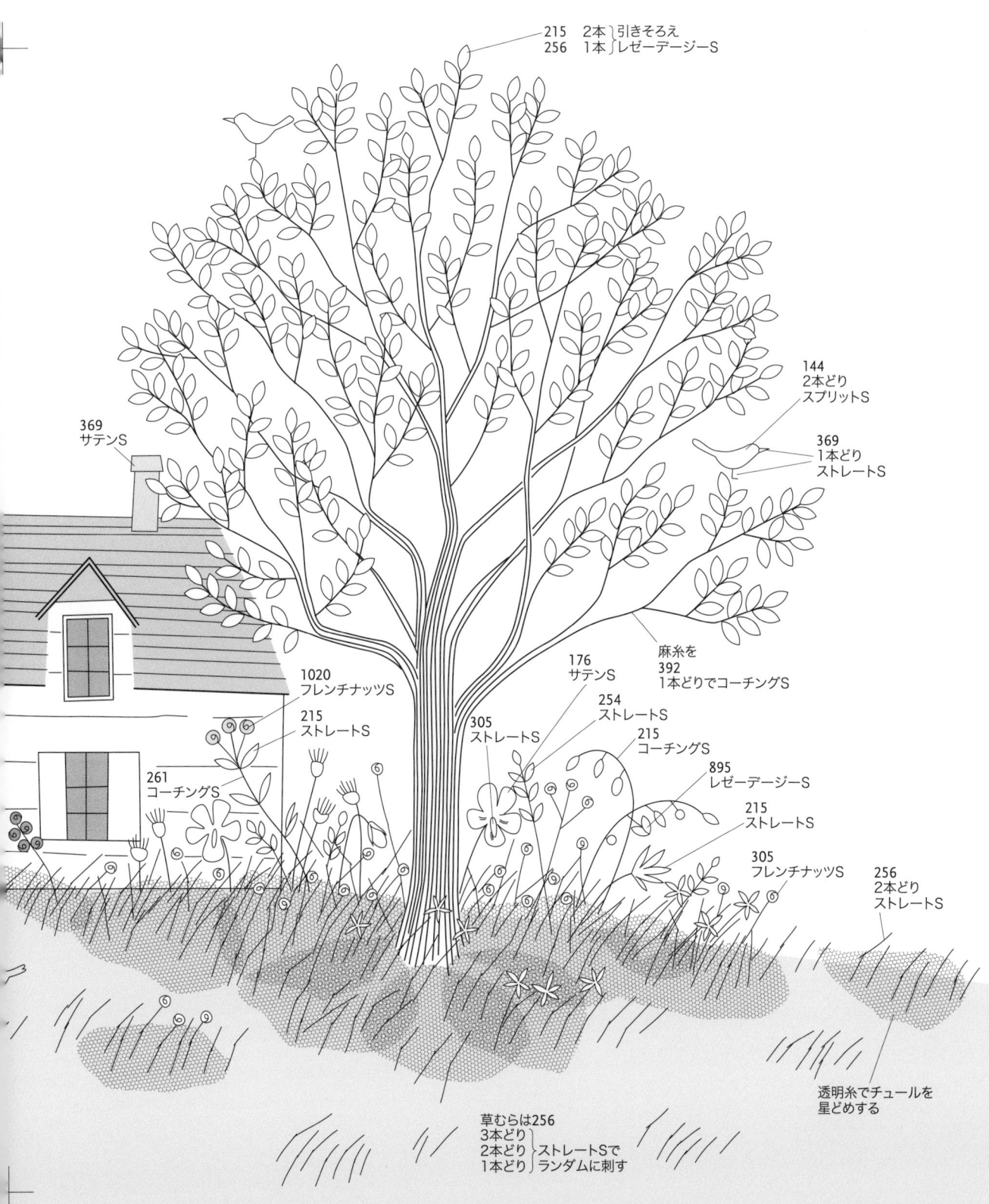

215	2本 ⎫ 引きそろえ
256	1本 ⎭ レゼーデージーS

369
サテンS

144
2本どり
スプリットS

369
1本どり
ストレートS

麻糸を
392
1本どりでコーチングS

1020
フレンチナッツS

215
ストレートS

176
サテンS

254
ストレートS

215
コーチングS

261
コーチングS

305
ストレートS

895
レゼーデージーS

215
ストレートS

305
フレンチナッツS

256
2本どり
ストレートS

透明糸でチュールを
星どめする

草むらは256
3本どり
2本どり ⎫ ストレートSで
1本どり ⎭ ランダムに刺す

53

プリンス・エドワード島
page01

図案　実物大
材料
アンカー刺しゅう糸
25番＝215（グリーン系）、103、66、1047、939、1040、900
布地　リネン（白）　20×30cm
接着芯　20×30cm

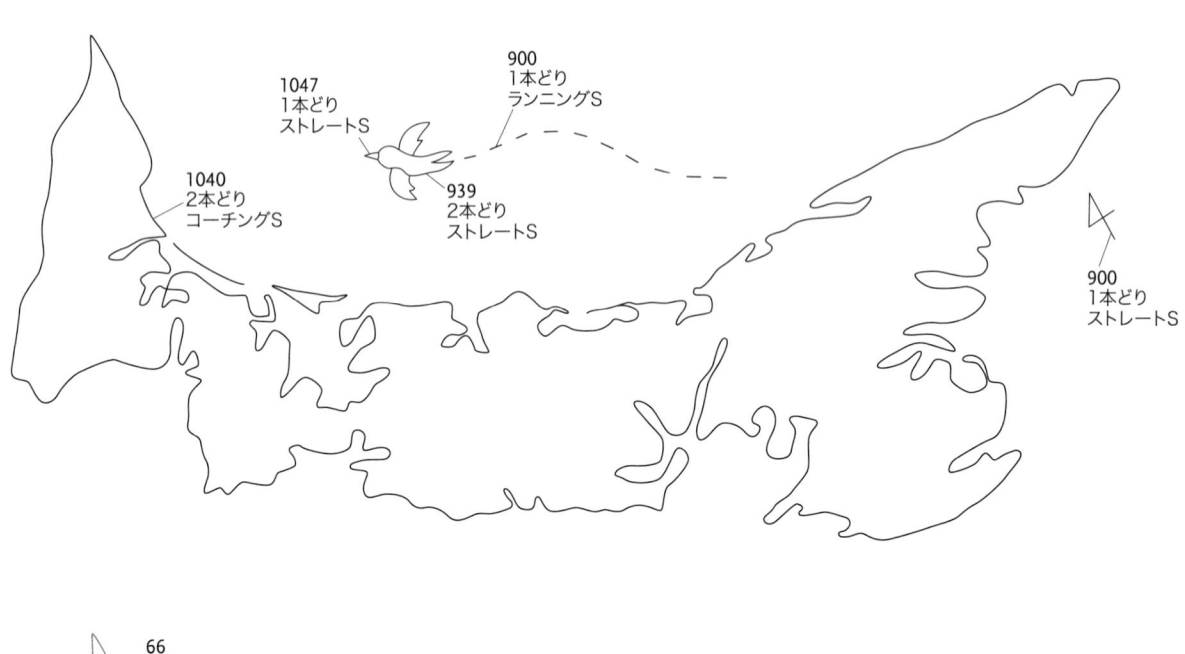

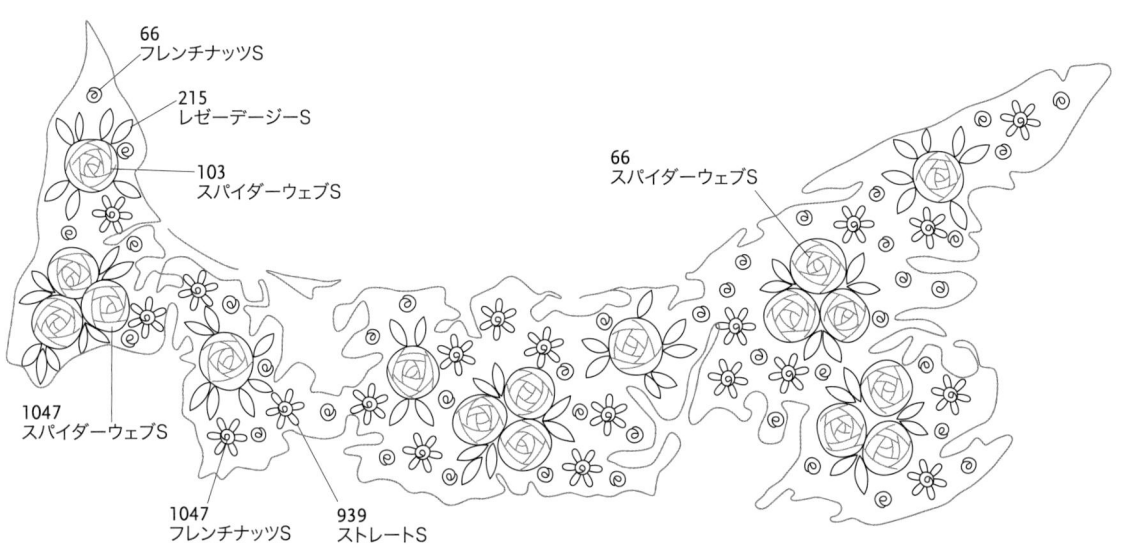

1047
1本どり
ストレートS

900
1本どり
ランニングS

1040
2本どり
コーチングS

939
2本どり
ストレートS

900
1本どり
ストレートS

66
フレンチナッツS

215
レゼーデージーS

103
スパイダーウェブS

66
スパイダーウェブS

1047
スパイダーウェブS

1047
フレンチナッツS

939
ストレートS

ローズブーケ
page02

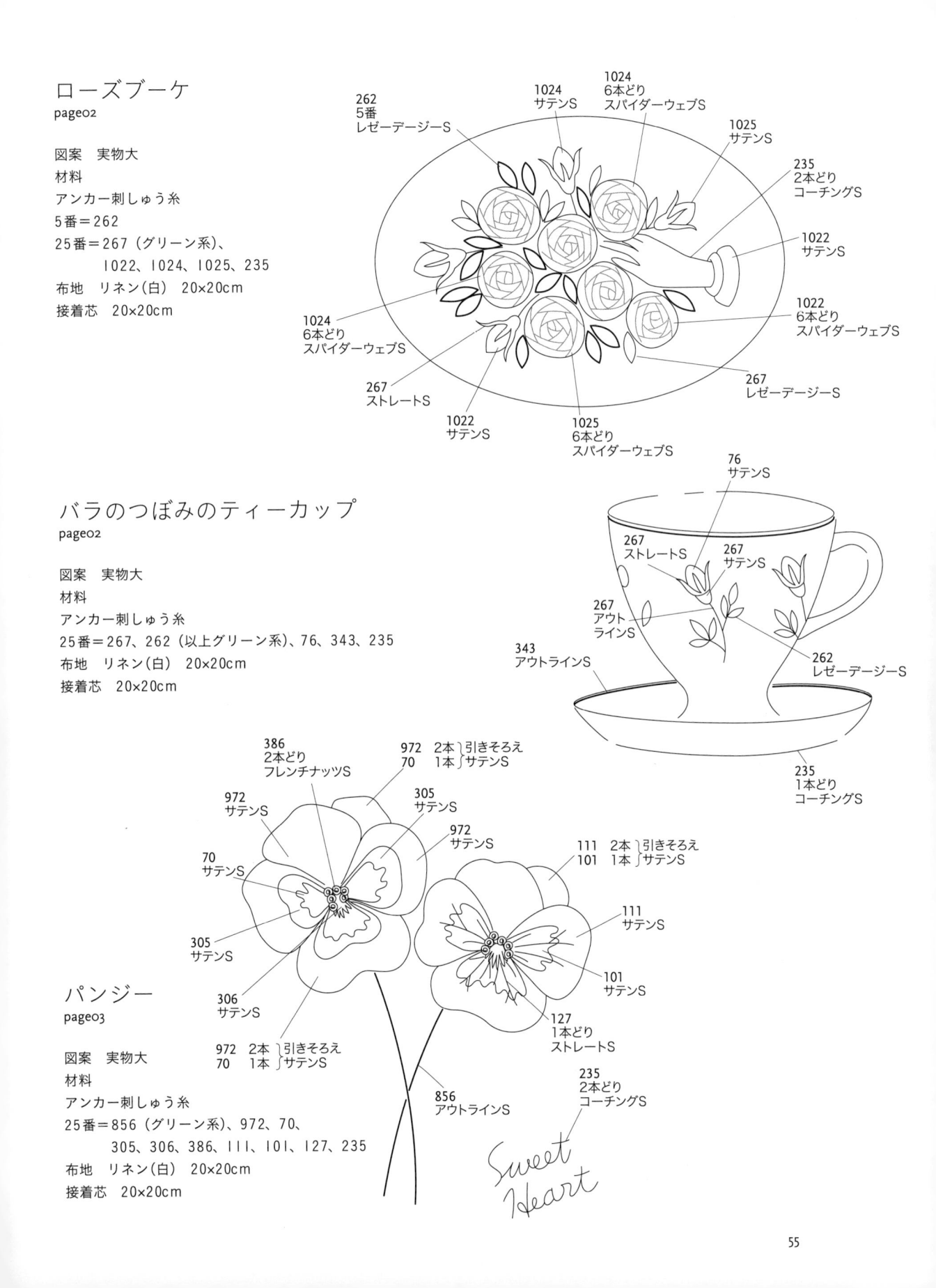

図案　実物大
材料
アンカー刺しゅう糸
5番＝262
25番＝267（グリーン系）、
　　　1022、1024、1025、235
布地　リネン（白）　20×20cm
接着芯　20×20cm

262
5番
レゼーデージーS

1024
サテンS

1024
6本どり
スパイダーウェブS

1025
サテンS

235
2本どり
コーチングS

1022
サテンS

1024
6本どり
スパイダーウェブS

1022
6本どり
スパイダーウェブS

267
レゼーデージーS

267
ストレートS

1022
サテンS

1025
6本どり
スパイダーウェブS

バラのつぼみのティーカップ
page02

図案　実物大
材料
アンカー刺しゅう糸
25番＝267、262（以上グリーン系）、76、343、235
布地　リネン（白）　20×20cm
接着芯　20×20cm

76
サテンS

267
ストレートS

267
サテンS

267
アウトラインS

343
アウトラインS

262
レゼーデージーS

235
1本どり
コーチングS

パンジー
page03

図案　実物大
材料
アンカー刺しゅう糸
25番＝856（グリーン系）、972、70、
　　　305、306、386、111、101、127、235
布地　リネン（白）　20×20cm
接着芯　20×20cm

386
2本どり
フレンチナッツS

972　2本 ┐引きそろえ
70　　1本 ┘サテンS

972
サテンS

305
サテンS

972
サテンS

70
サテンS

305
サテンS

306
サテンS

111　2本 ┐引きそろえ
101　1本 ┘サテンS

111
サテンS

101
サテンS

127
1本どり
ストレートS

972　2本 ┐引きそろえ
70　　1本 ┘サテンS

856
アウトラインS

235
2本どり
コーチングS

Sweet Heart

ブーツ
page06

図案　実物大
材料
アンカー刺しゅう糸
5番＝261
25番＝215、261（以上グリーン系）、305、343、358、905
布地　ストライプ（白×ベージュ）15×15cm
接着芯　15×15cm

アン・シャーリーのポートレート
page07

図案　実物大
材料
アンカー刺しゅう糸
25番＝236、2
布地　リネン（白）　20×20cm
　　　ピュアリネン（水色）　21×21cm
接着芯　適量

★ピュアリネン（水色）はバックSの楕円の内側に1cmの折り代をつけて切り抜く。折り代に切込みを入れて裏側に折り込み、アンを刺しゅうしたリネン（白）を重ねてずれないようにとめる。

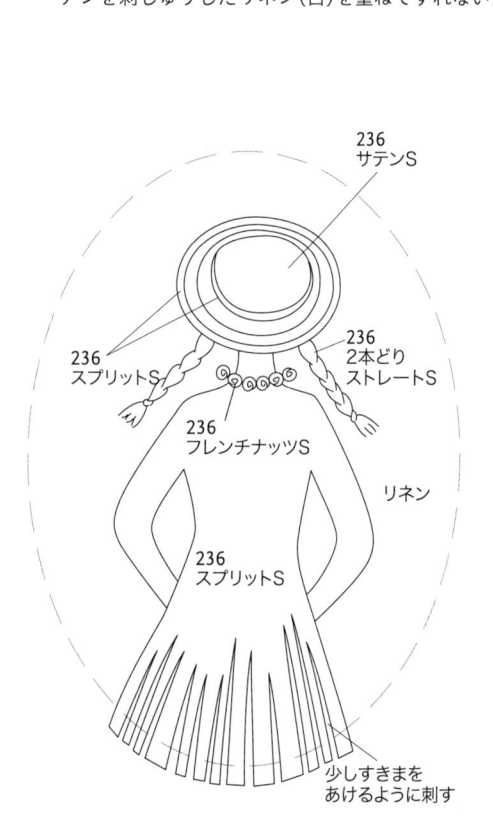

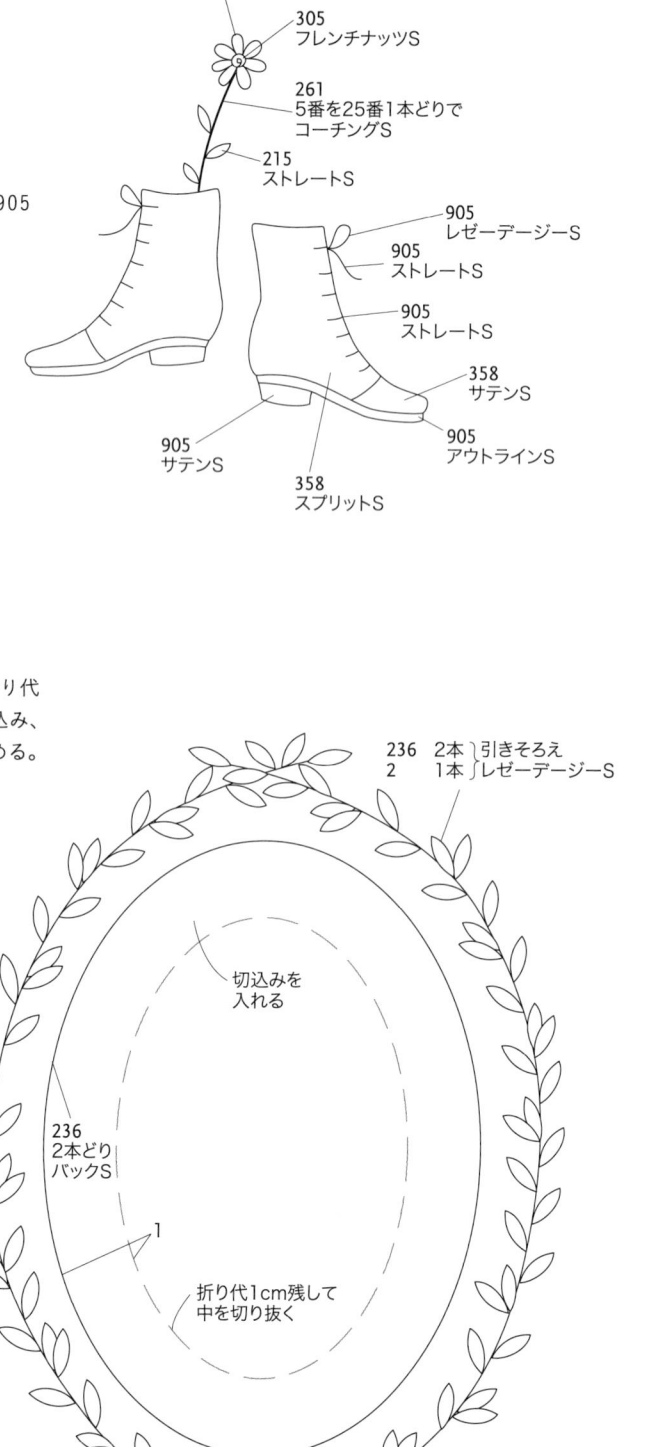

343 ストレートS
305 フレンチナッツS
261 5番を25番1本どりでコーチングS
215 ストレートS
905 レゼーデージーS
905 ストレートS
905 ストレートS
358 サテンS
905 サテンS
905 アウトラインS
358 スプリットS

236 サテンS
236 スプリットS
236 2本どり ストレートS
236 フレンチナッツS
236 スプリットS
リネン
少しすきまをあけるように刺す

236 2本 引きそろえ
2　 1本 レゼーデージーS
切込みを入れる
236 2本どり バックS
折り代1cm残して中を切り抜く
ピュアリネン
236 2本 引きそろえ
2　 1本 アウトラインS

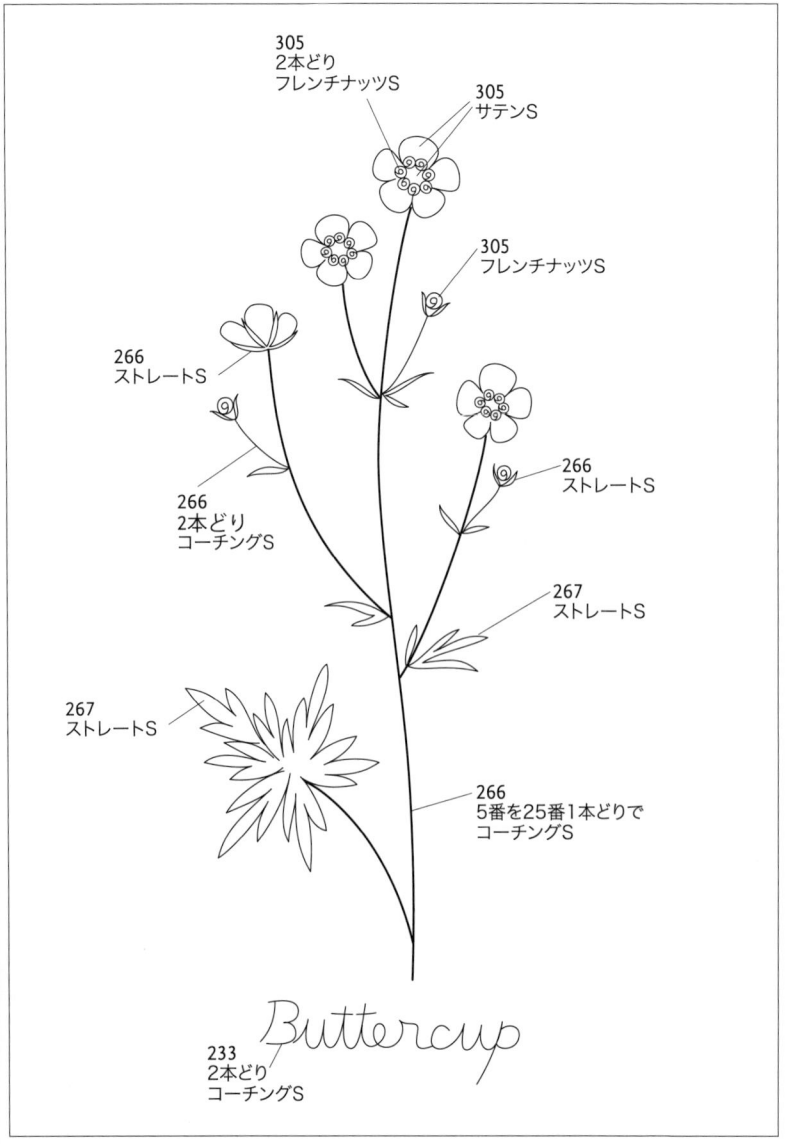

バターカップ
page08 上右

図案　実物大
材料
アンカー刺しゅう糸
5番＝266
25番＝266、267（以上グリーン系）、
　　　305、233
布地　リネン（白）　30×30cm
接着芯　30×30cm

図中の指示：
- 305　2本どり　フレンチナッツS
- 305　サテンS
- 305　フレンチナッツS
- 266　ストレートS
- 266　ストレートS
- 266　2本どり　コーチングS
- 267　ストレートS
- 267　ストレートS
- 266　5番を25番1本どりでコーチングS
- 233　2本どり　コーチングS

Buttercup

ブルーフラッグ
page08 上左

図案　実物大
材料
アンカー刺しゅう糸
5番＝261
25番＝261、215（以上グリーン系）、
　　　2、1030、111、233
布地　ヘリンボーン（白）　30×30cm
接着芯　30×30cm

図中の指示：
- サテンS
- アウトラインS
- 2　ストレートS
- 1030　2本 ┐引きそろえ
- 111　1本　┘サテンS
- 261　サテンS
- 261　5番を25番1本どりでコーチングS
- 215　スプリットS
- 261
- 261
- 215
- 233　2本どり　コーチングS

Blue Flag

57

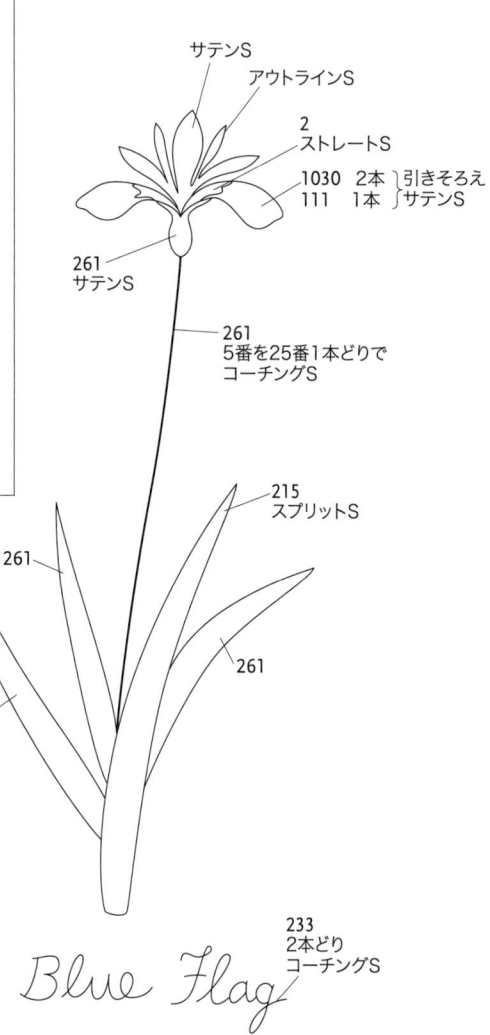

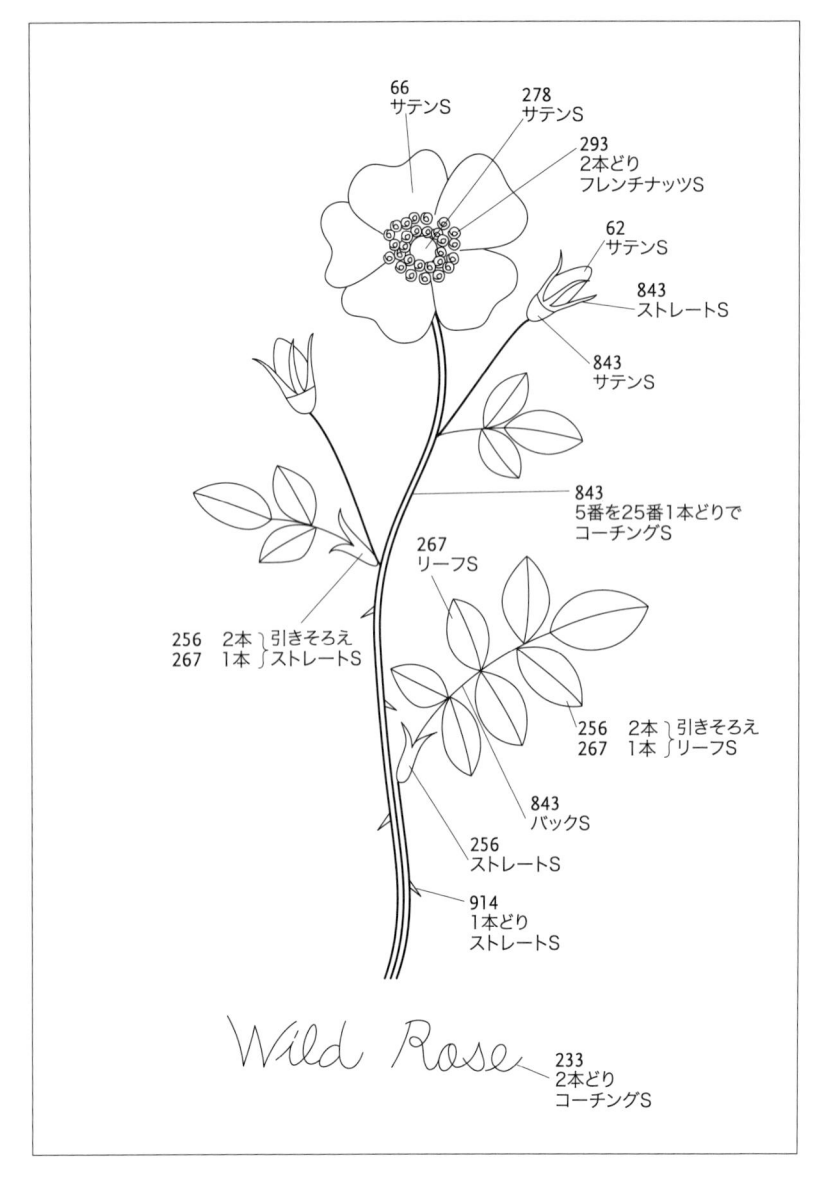

ワイルドローズ
page08 下左

図案　実物大
材料
アンカー刺しゅう糸
5番＝843
25番＝843、256、267
　　　（以上グリーン系）、
　　　66、62、278、293、
　　　914、233
布地　リネン(白)　30×30cm
接着芯　30×30cm

図中ラベル：
- 66 サテンS
- 278 サテンS
- 293 2本どり フレンチナッツS
- 62 サテンS
- 843 ストレートS
- 843 サテンS
- 843 5番を25番1本どりでコーチングS
- 267 リーフS
- 256 2本 引きそろえ / 267 1本 ストレートS
- 256 2本 引きそろえ / 267 1本 リーフS
- 843 バックS
- 256 ストレートS
- 914 1本どり ストレートS
- 233 2本どり コーチングS

Wild Rose

ソープワート
page08 下右

図案　実物大
材料
アンカー刺しゅう糸
5番＝843
25番＝843、261、266
　　　（以上グリーン系）、
　　　1020、233
布地　水玉(白×ベージュ)　30×30cm
接着芯　30×30cm

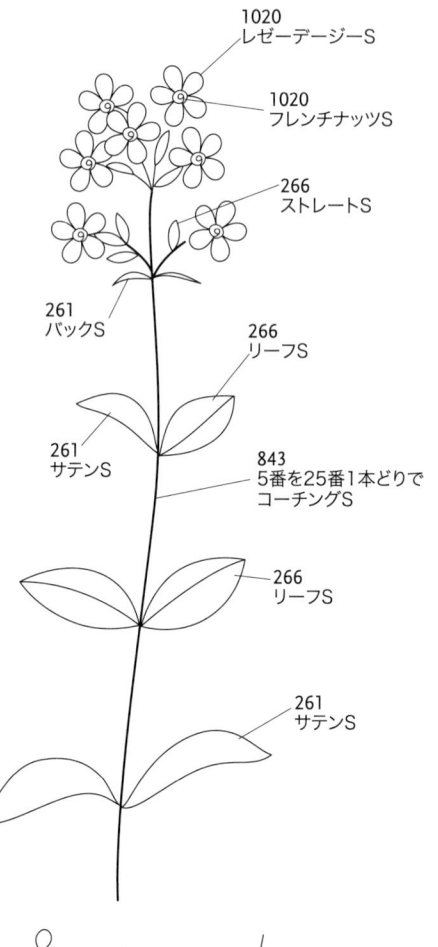

図中ラベル：
- 1020 レゼーデージーS
- 1020 フレンチナッツS
- 266 ストレートS
- 261 バックS
- 266 リーフS
- 261 サテンS
- 843 5番を25番1本どりでコーチングS
- 266 リーフS
- 261 サテンS
- 233 2本どり コーチングS

Soapwort

スイートピー
page10 上左

図案　実物大
材料
アンカー刺しゅう糸
5番＝261
25番＝261、215
　　　（以上グリーン系）、
　　　271、49、233
布地　コットン（ベージュ）　30×30cm
接着芯　30×30cm

アスター
page10 上右

図案　実物大
材料
アンカー刺しゅう糸
5番＝843
25番＝843、215
　　　（以上グリーン系）、
　　　342、891、233
布地　リネン（白）　30×30cm
接着芯　30×30cm

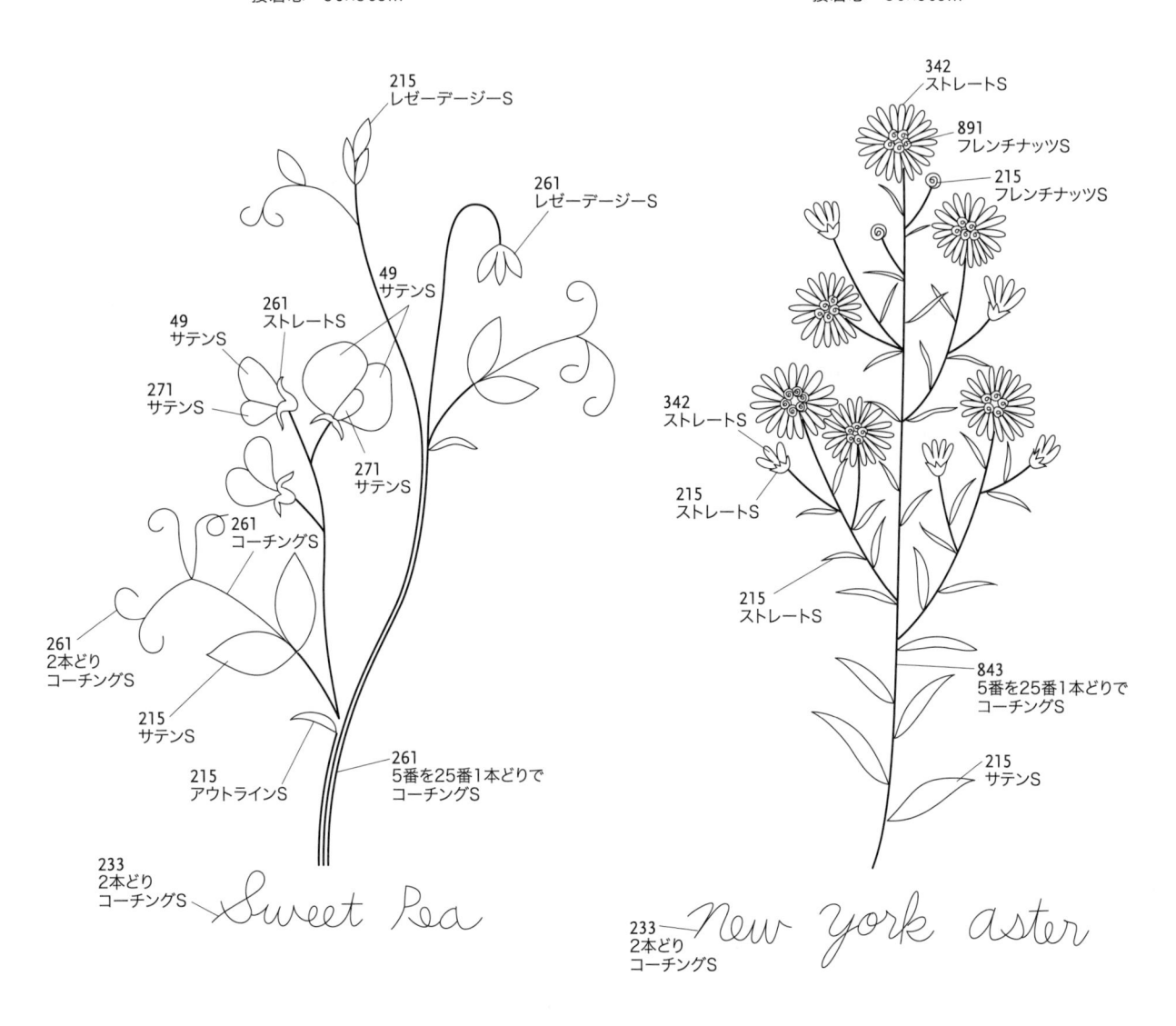

スイートピー図案ラベル

- 215 レゼーデージーS
- 261 レゼーデージーS
- 49 サテンS
- 261 ストレートS
- 49 サテンS
- 271 サテンS
- 271 サテンS
- 261 コーチングS
- 261 2本どり コーチングS
- 215 サテンS
- 215 アウトラインS
- 261 5番を25番1本どりで コーチングS
- 233 2本どり コーチングS

Sweet Pea

アスター図案ラベル

- 342 ストレートS
- 891 フレンチナッツS
- 215 フレンチナッツS
- 342 ストレートS
- 215 ストレートS
- 215 ストレートS
- 843 5番を25番1本どりで コーチングS
- 215 サテンS
- 233 2本どり コーチングS

New York aster

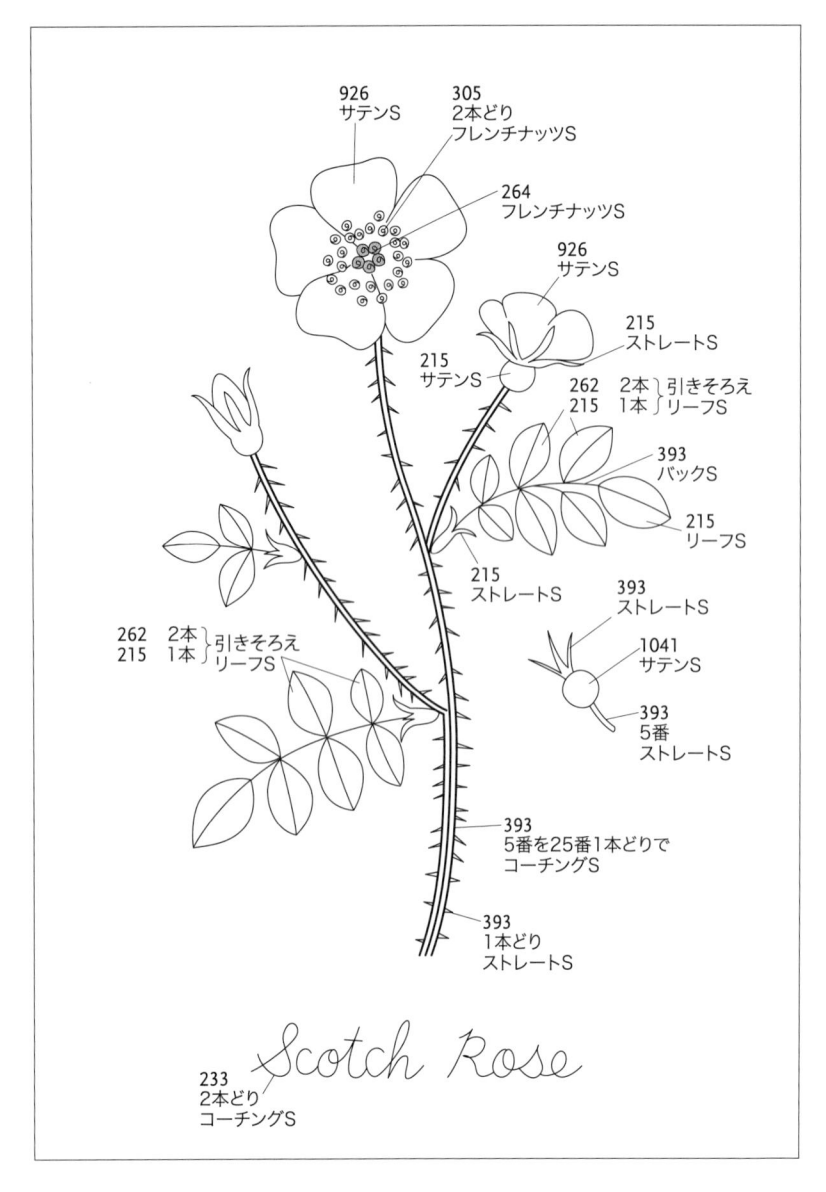

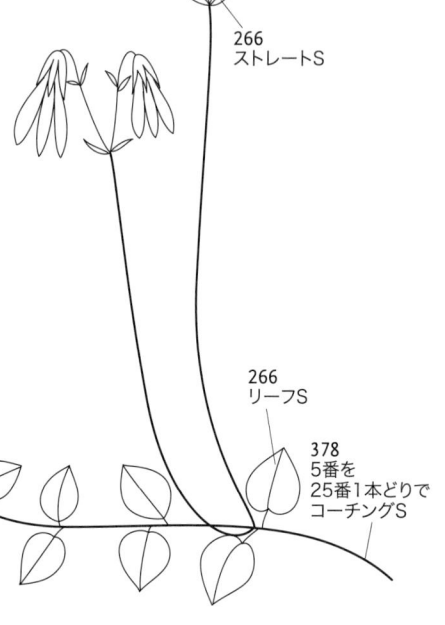

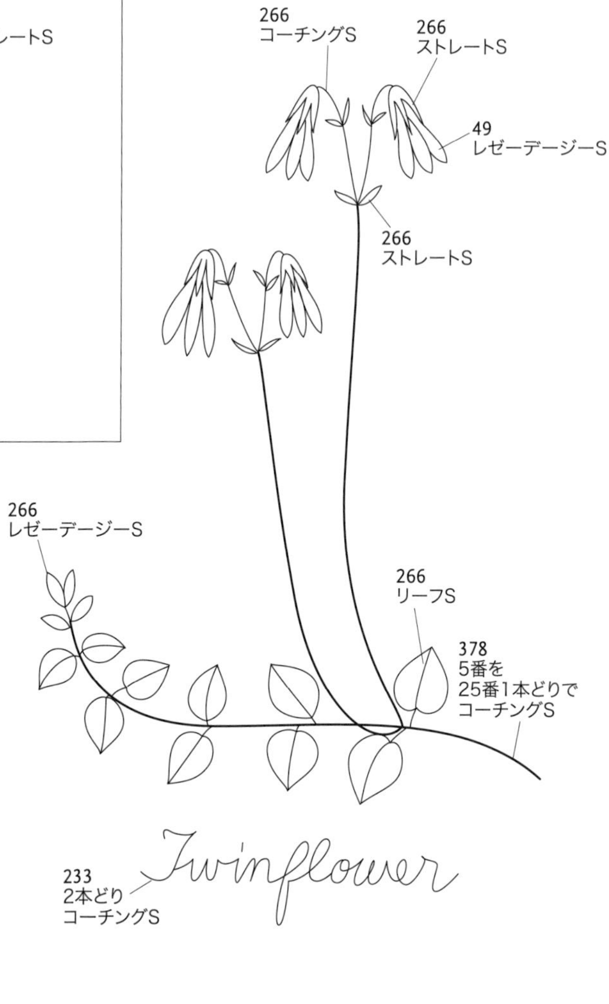

スコッチローズ
page10 下右

図案　実物大
材料
アンカー刺しゅう糸
5番＝393
25番＝215、262
　　　（以上グリーン系）、
　　　393、264、926、305、1041、233
布地　ハーフリネン　30×30cm
接着芯　30×30cm

図中ラベル（スコッチローズ）:
- 926 サテンS
- 305 2本どり フレンチナッツS
- 264 フレンチナッツS
- 926 サテンS
- 215 ストレートS
- 215 サテンS
- 262 2本 / 215 1本　引きそろえ リーフS
- 393 バックS
- 215 リーフS
- 215 ストレートS
- 393 ストレートS
- 1041 サテンS
- 393 5番 ストレートS
- 262 2本 / 215 1本　引きそろえ リーフS
- 393 5番を25番1本どりで コーチングS
- 393 1本どり ストレートS
- 233 2本どり コーチングS

Scotch Rose

ツインフラワー
page10 下左

図案　実物大
材料
アンカー刺しゅう糸
5番＝378
25番＝266、378
　　　（以上グリーン系）、
　　　49、233
布地　リネン（白）　30×30cm
接着芯　30×30cm

図中ラベル（ツインフラワー）:
- 266 コーチングS
- 266 ストレートS
- 49 レゼーデージーS
- 266 ストレートS
- 266 レゼーデージーS
- 266 リーフS
- 378 5番を25番1本どりで コーチングS
- 233 2本どり コーチングS

Twinflower

スズラン
page11 上左

図案　実物大
材料
アンカー刺しゅう糸
5番＝261
25番＝261、266、860
　　　（以上グリーン系）、
　　　373、926、233
布地　ハーフリネン　30×30cm
接着芯　30×30cm

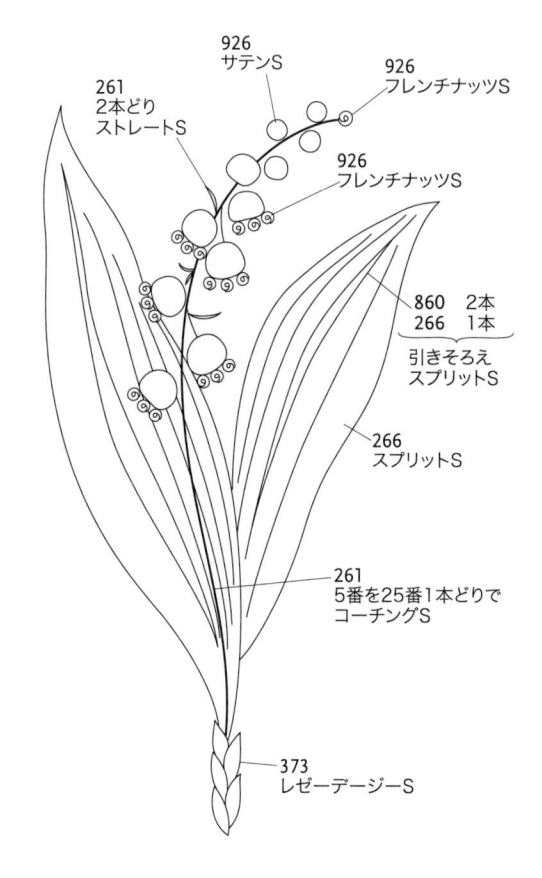

ハニーサックル
page11 上右

図案　実物大
材料
アンカー刺しゅう糸
5番＝843
25番＝843、215、860
　　　（以上グリーン系）、
　　　301、1047、233
布地　リネン（白）　30×30cm
接着芯　30×30cm

スズラン（Lily-of-the-valley）図案ラベル

- 926 サテンS
- 261 2本どり ストレートS
- 926 フレンチナッツS
- 926 フレンチナッツS
- 860 2本
- 266 1本
- 引きそろえ スプリットS
- 266 スプリットS
- 261 5番を25番1本どりで コーチングS
- 373 レゼーデージーS
- 233 2本どり コーチングS

ハニーサックル（Honeysuckle）図案ラベル

- 1047 レゼーデージーS
- 301 2本 引きそろえ
- 1047 1本 レゼーデージーS ストレートS
- 1047 1本どり フレンチナッツS
- 1047 1本どり ストレートS
- 860 リーフS
- 215 フレンチナッツS
- 860
- 1047 レゼーデージーS
- 215 フレンチナッツS
- 215 レゼーデージーS
- 215 リーフS
- 843 5番を25番1本どりで コーチングS
- 233 2本どり コーチングS

61

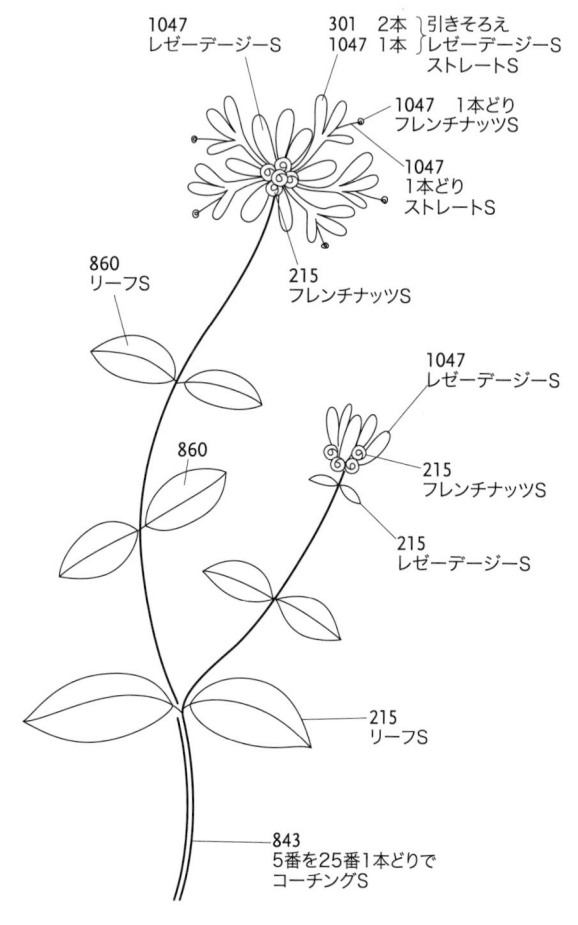

ブルーベル
page11 下左

図案　実物大
材料
アンカー刺しゅう糸
5番＝261
25番＝261、215、256
　　　（以上グリーン系）、
　　　117、233
布地　リネン(白)　30×30cm
接着芯　30×30cm

ラベンダー
page11 下右

図案　実物大
材料
アンカー刺しゅう糸
5番＝261
25番＝261、215
　　　（以上グリーン系）、
　　　1030、98、233
布地　コットン(ベージュ)　30×30cm
接着芯　30×30cm

261
サテンS

261
ストレートS

117
サテンS

261
コーチングS

117
サテンS

261
5番を25番1本どりで
コーチングS

215　2本 ｝引きそろえ
256　1本 ｝アウトラインS

Bluebell

233
2本どり
コーチングS

1030　2本 ｝引きそろえ
215　　1本 ｝レゼーデージーS

98
フレンチナッツS

261
5番を25番1本どりで
コーチングS

1030　2本 ｝引きそろえ
215　　1本 ｝フレンチナッツS

215
ストレートS

Lavender

233
2本どり
コーチングS

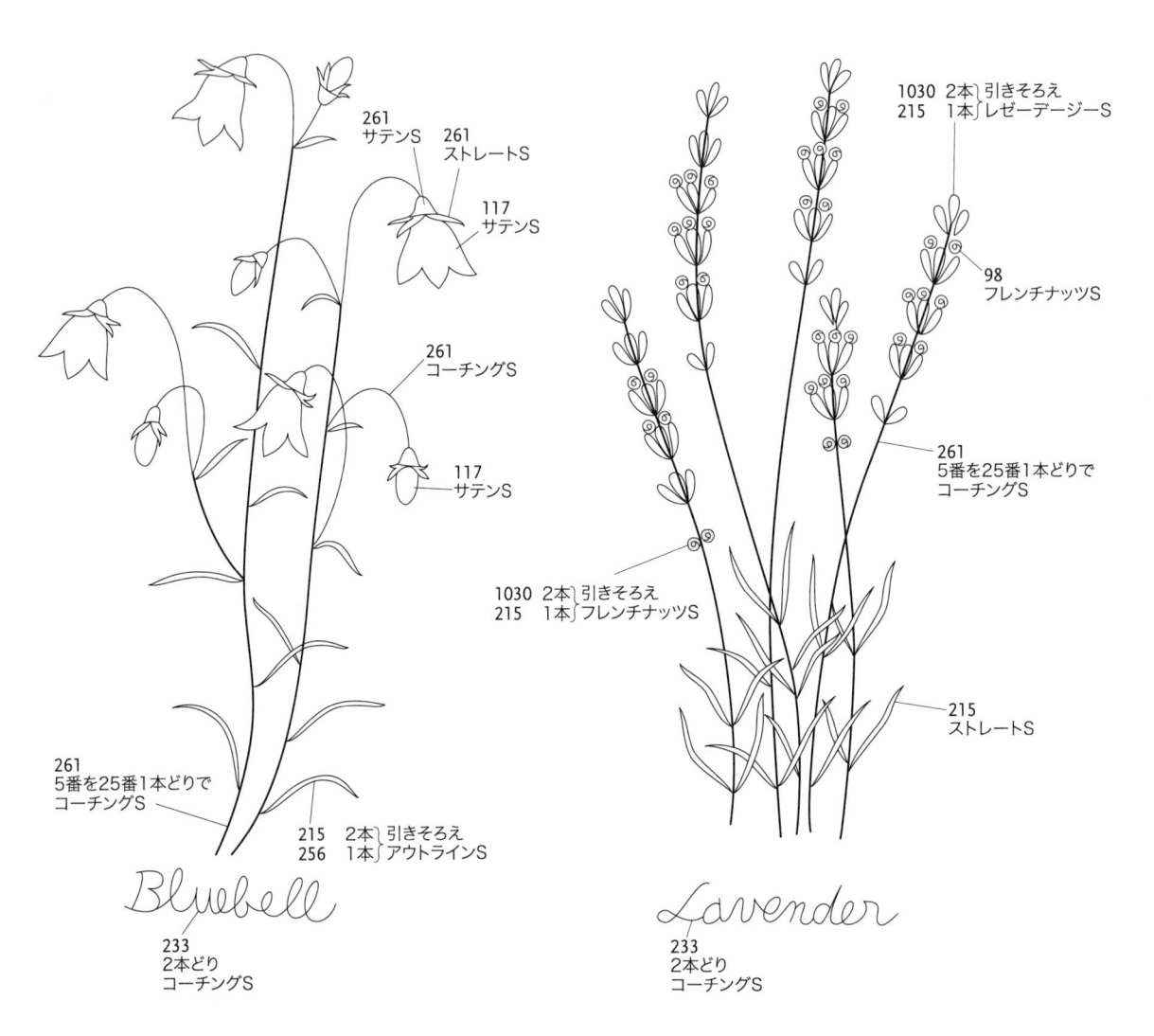

ワスレナグサ
page12

図案　実物大
材料
アンカー刺しゅう糸
25番＝261、215（以上グリーン系）、
　　　175、305、893
透明糸
MOKUBAオーガンジーリボン(5mm幅)
No.1500＝15（ベージュ）　2.5cm
布地　リネン（白）　20×20cm
接着芯　20×20cm

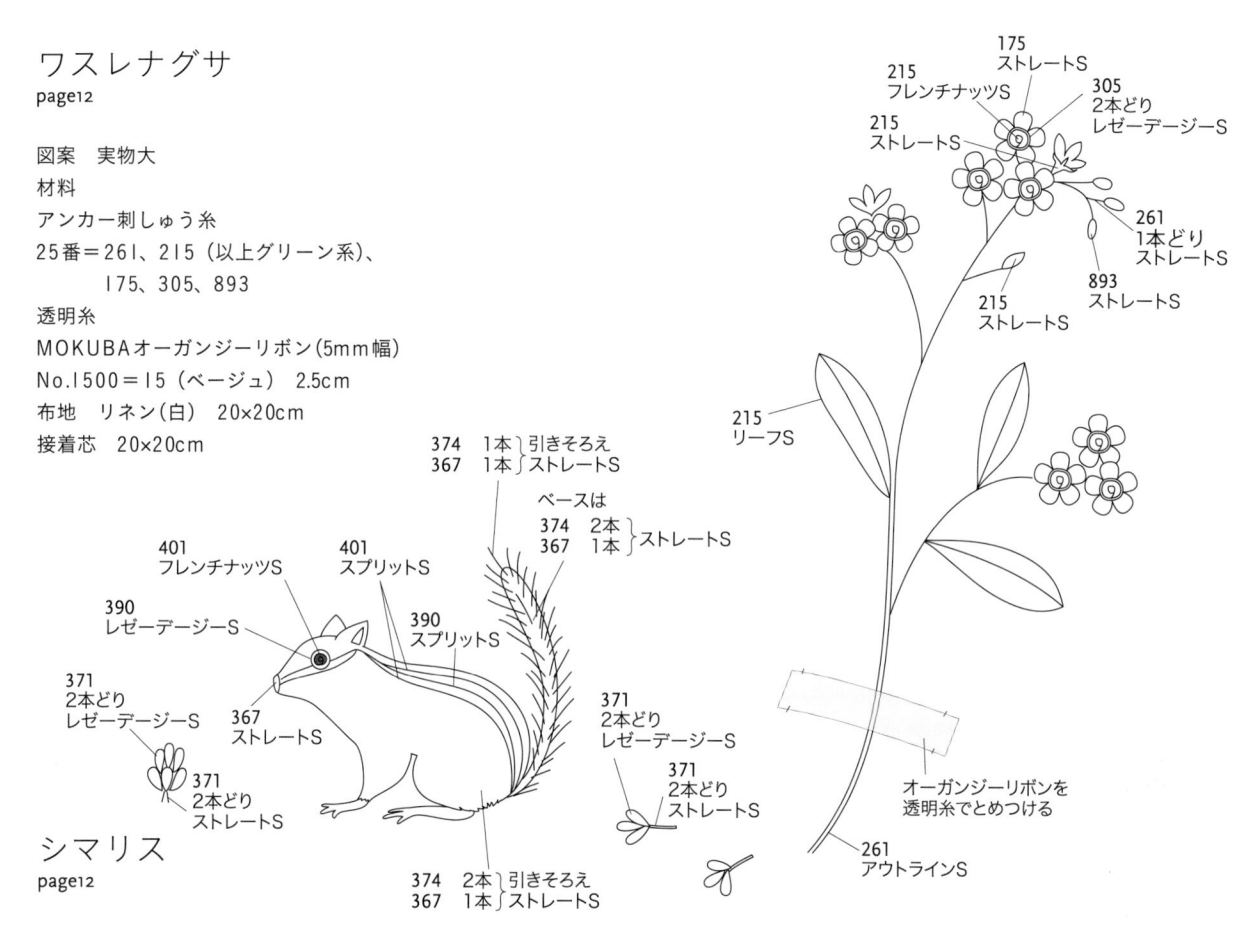

シマリス
page12

図案　実物大
材料
アンカー刺しゅう糸
25番＝390、367、374、371、401
布地　リネン（白）　20×20cm
接着芯　20×20cm

スターフラワー
page13 上左

図案　実物大
材料
アンカー刺しゅう糸
25番＝261、215、254（以上グリーン系）、
　　　387、306
透明糸
MOKUBAオーガンジーリボン(5mm幅)
No.1500＝15（ベージュ）　7cm
布地　リネン（白）　20×20cm
接着芯　20×20cm

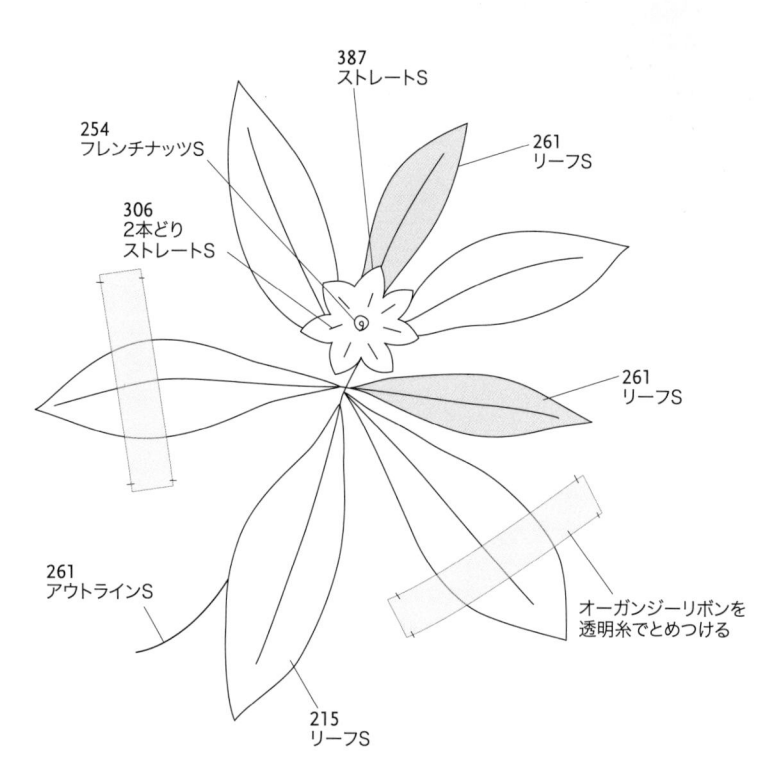

恋人の小径
page13 上右

図案　実物大
材料
アンカー刺しゅう糸
25番＝255、257、262（以上グリーン系）、
　　　　120、305、890、1041、393
透明糸
布地　ピュアリネン（水色）15×20cm
　　　ハーフリネン（ベージュ）10×20cm
　　　ポリエステルチュール（グリーンむら染め）適量
接着芯　25×20cm

モミの木の枝
page13 下

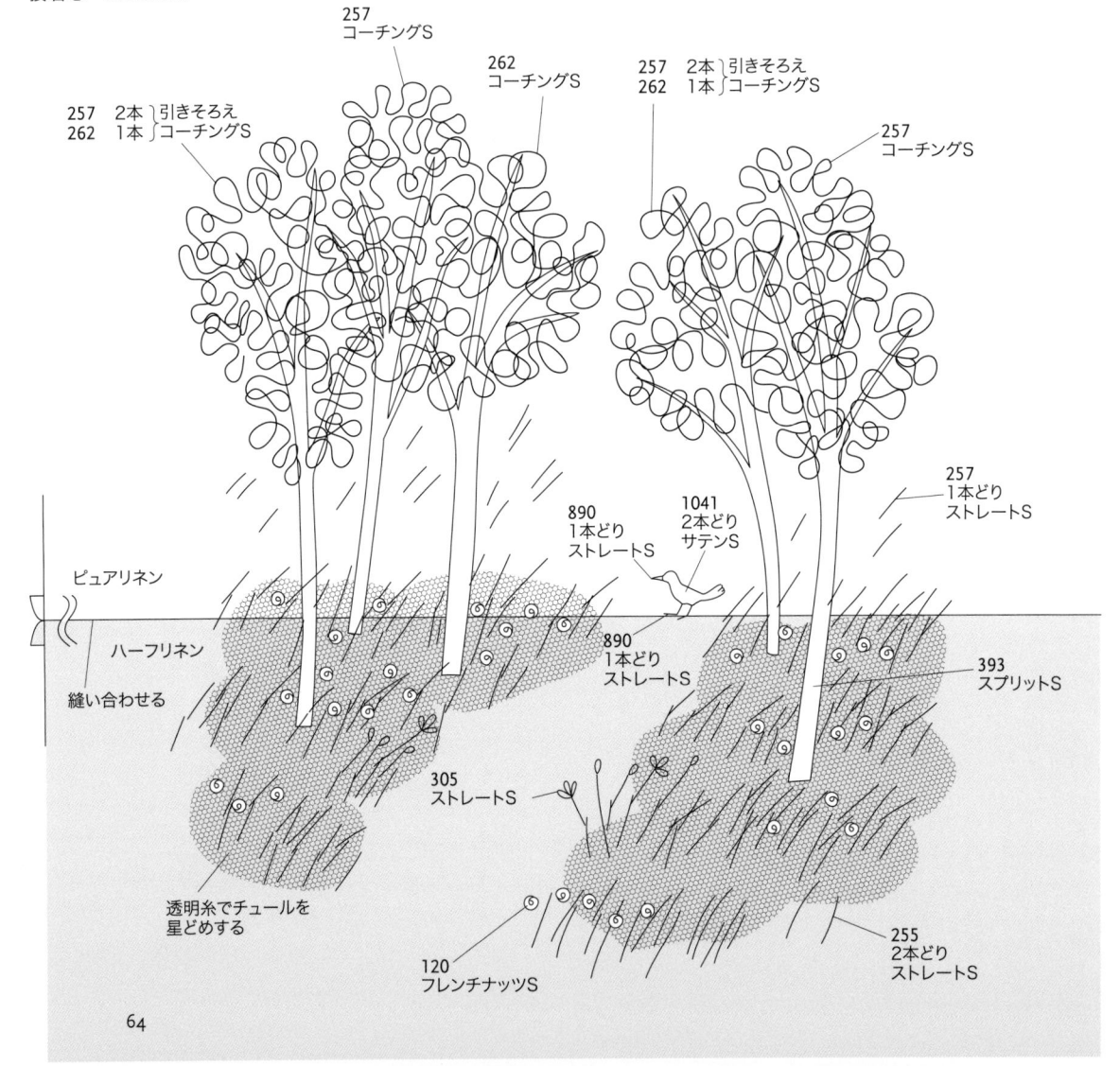

図案　実物大
材料
アンカー刺しゅう糸
25番＝216（グリーン系）、1084
透明糸
MOKUBAオーガンジーリボン（5mm幅）
No.1500＝15（ベージュ）2.5cm
布地　リネン（白）20×20cm
接着芯　20×20cm

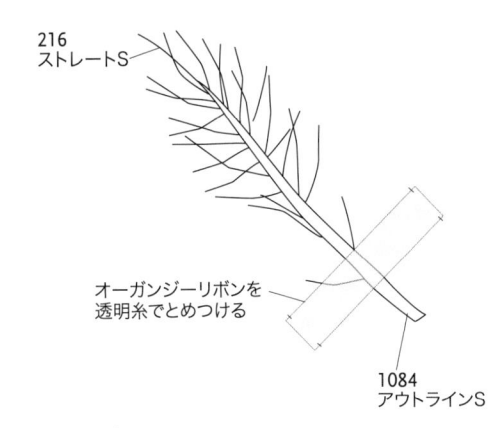

216 ストレートS
オーガンジーリボンを透明糸でとめつける
1084 アウトラインS

257 コーチングS
262 コーチングS
257　2本 引きそろえ
262　1本 コーチングS
257 コーチングS
257　2本 引きそろえ
262　1本 コーチングS
257 1本どり ストレートS
890 1本どり ストレートS
1041 2本どり サテンS
890 1本どり ストレートS
393 スプリットS
ピュアリネン
ハーフリネン
縫い合わせる
305 ストレートS
透明糸でチュールを星どめする
120 フレンチナッツS
255 2本どり ストレートS

帽子
page09

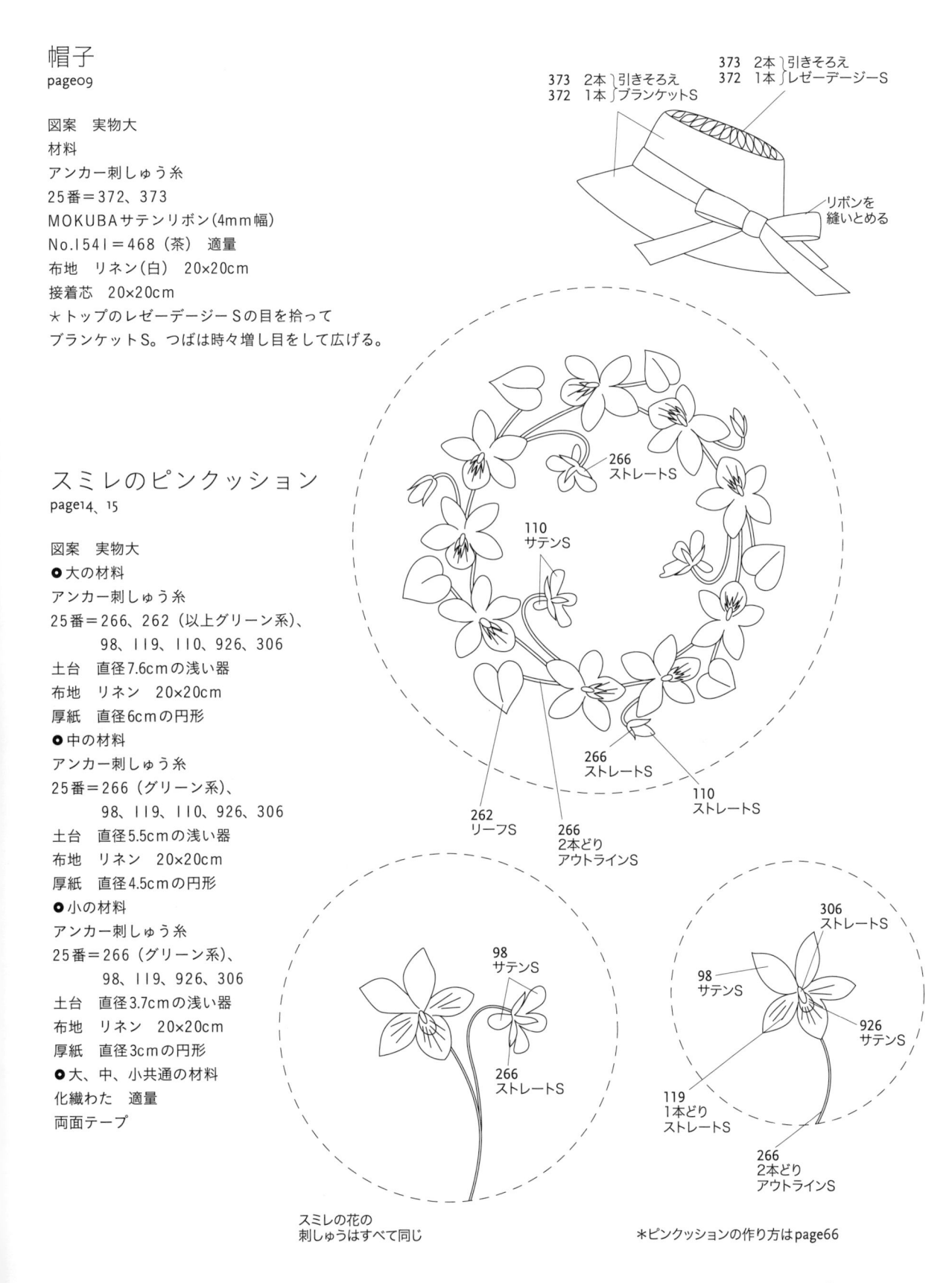

図案　実物大
材料
アンカー刺しゅう糸
25番＝372、373
MOKUBAサテンリボン(4mm幅)
No.1541＝468（茶）適量
布地　リネン(白)　20×20cm
接着芯　20×20cm
＊トップのレゼーデージーSの目を拾って
ブランケットS。つばは時々増し目をして広げる。

373　2本〕引きそろえ
372　1本〕ブランケットS

373　2本〕引きそろえ
372　1本〕レゼーデージーS

リボンを縫いとめる

スミレのピンクッション
page14、15

図案　実物大
● 大の材料
アンカー刺しゅう糸
25番＝266、262（以上グリーン系）、
　　　　98、119、110、926、306
土台　直径7.6cmの浅い器
布地　リネン　20×20cm
厚紙　直径6cmの円形
● 中の材料
アンカー刺しゅう糸
25番＝266（グリーン系）、
　　　　98、119、110、926、306
土台　直径5.5cmの浅い器
布地　リネン　20×20cm
厚紙　直径4.5cmの円形
● 小の材料
アンカー刺しゅう糸
25番＝266（グリーン系）、
　　　　98、119、926、306
土台　直径3.7cmの浅い器
布地　リネン　20×20cm
厚紙　直径3cmの円形
● 大、中、小共通の材料
化繊わた　適量
両面テープ

266　ストレートS
110　サテンS
266　ストレートS
110　ストレートS
262　リーフS
266　2本どり　アウトラインS

スミレの花の刺しゅうはすべて同じ

98　サテンS
266　ストレートS

306　ストレートS
98　サテンS
926　サテンS
119　1本どり　ストレートS
266　2本どり　アウトラインS

＊ピンクッションの作り方はpage66

器の大きさ
（数字は左より大中小）

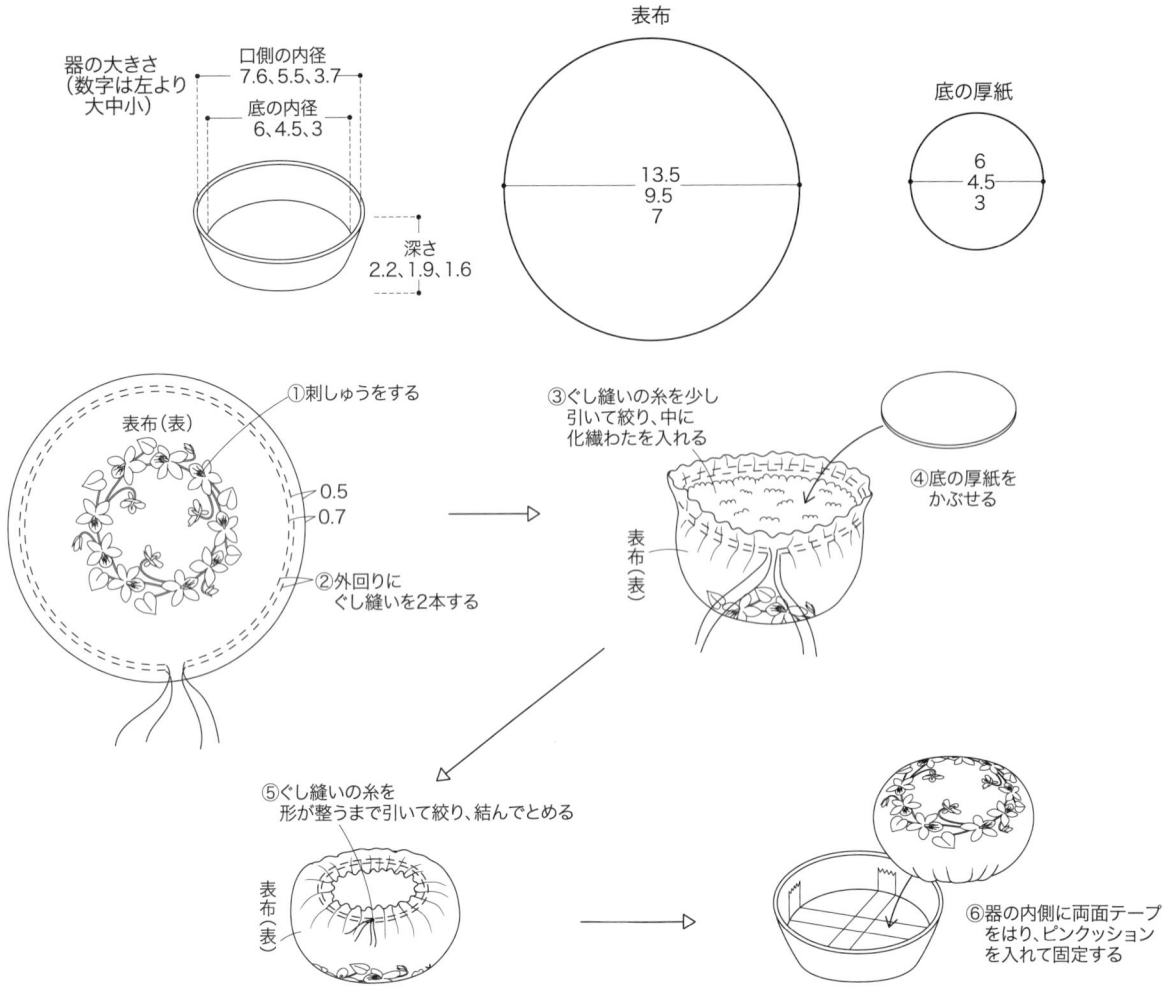

口側の内径
7.6、5.5、3.7

底の内径
6、4.5、3

深さ
2.2、1.9、1.6

表布
13.5
9.5
7

底の厚紙
6
4.5
3

表布（表）

①刺しゅうをする

0.5
0.7

②外回りにぐし縫いを2本する

③ぐし縫いの糸を少し引いて絞り、中に化繊わたを入れる

④底の厚紙をかぶせる

表布（表）

⑤ぐし縫いの糸を形が整うまで引いて絞り、結んでとめる

表布（表）

⑥器の内側に両面テープをはり、ピンクッションを入れて固定する

スミレ
page14

図案　実物大

材料

アンカー刺しゅう糸
25番＝266、860（以上グリーン系）、
　　　　98、119、926、306
MOKUBAリボン（4mm幅）
No.1541＝160（紫）適量
布地　リネン（白）20×20cm
接着芯　20×20cm

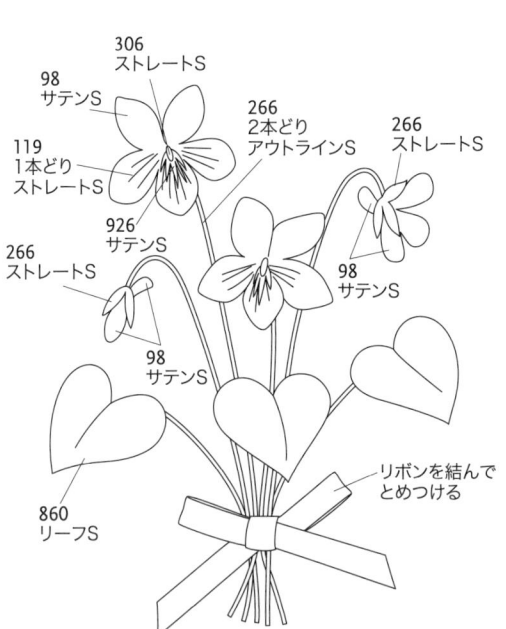

306 ストレートS
98 サテンS
119 1本どり ストレートS
266 2本どり アウトラインS
266 ストレートS
926 サテンS
266 ストレートS
98 サテンS
98 サテンS
860 リーフS
リボンを結んでとめつける

サンザシ
page17 下

図案　実物大
材料
アンカー刺しゅう糸
25番＝261、860（以上グリーン系）、392、968
布地　リネン（白）　20×20cm
接着芯　20×20cm

968
スパイダーウェブS

860
リーフS

392
アウトラインS

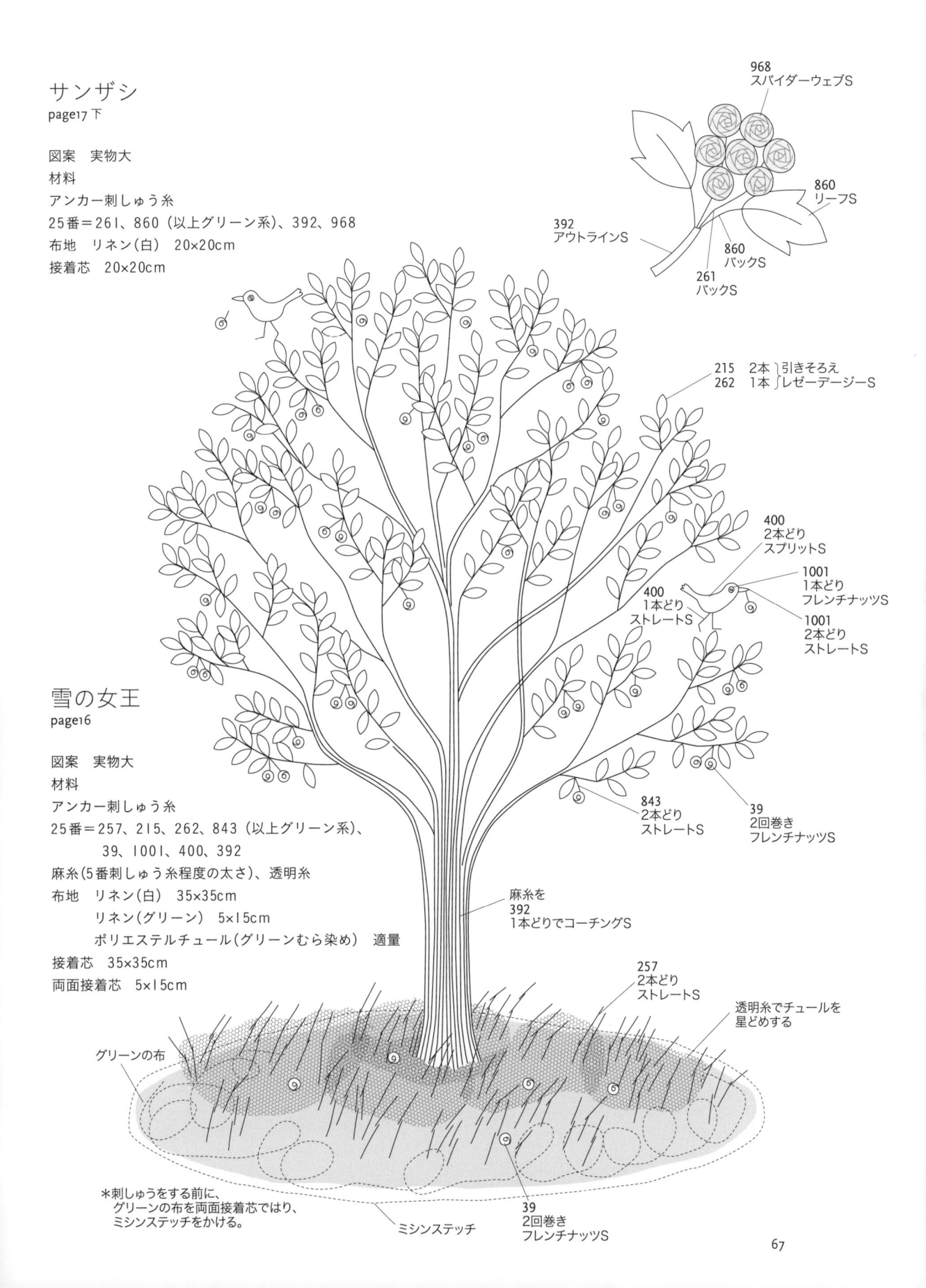

860
バックS

261
バックS

215　2本 ┐引きそろえ
262　1本 ┘レゼーデージーS

400
2本どり
スプリットS

1001
1本どり
フレンチナッツS

400
1本どり
ストレートS

1001
2本どり
ストレートS

雪の女王
page16

図案　実物大
材料
アンカー刺しゅう糸
25番＝257、215、262、843（以上グリーン系）、
　　　39、1001、400、392
麻糸(5番刺しゅう糸程度の太さ)、透明糸
布地　リネン（白）　35×35cm
　　　リネン（グリーン）　5×15cm
　　　ポリエステルチュール（グリーンむら染め）　適量
接着芯　35×35cm
両面接着芯　5×15cm

843
2本どり
ストレートS

39
2回巻き
フレンチナッツS

麻糸を
392
1本どりでコーチングS

257
2本どり
ストレートS

透明糸でチュールを
星どめする

グリーンの布

＊刺しゅうをする前に、
　グリーンの布を両面接着芯ではり、
　ミシンステッチをかける。

ミシンステッチ

39
2回巻き
フレンチナッツS

ルピナスのメドウ
page18

図案　実物大
材料
アンカー刺しゅう糸
5番＝261
25番＝261、266、215、256、262（以上グリーン系）、
　　　885、293、306、98、111、1030、393、401
透明糸
布地　リネン（白）　40×55cm
　　　ポリエステルチュール（グリーンむら染め）
　　　　　適量
接着芯　40×55cm

261　2本 ┐引きそろえ
98　　1本 ┘レゼーデージーS

111
ストレートS

261
レゼーデージーS

1030
レゼーデージーS

266
3本どりを1本で
コーチングS

293
ストレートS

266
ストレートS

266
サテンS

262
アウトラインS

293
フレンチナッツS

262
ストレートS
レゼーデージーS

草むらは256　1本どり
または2本どりでランダムに刺す

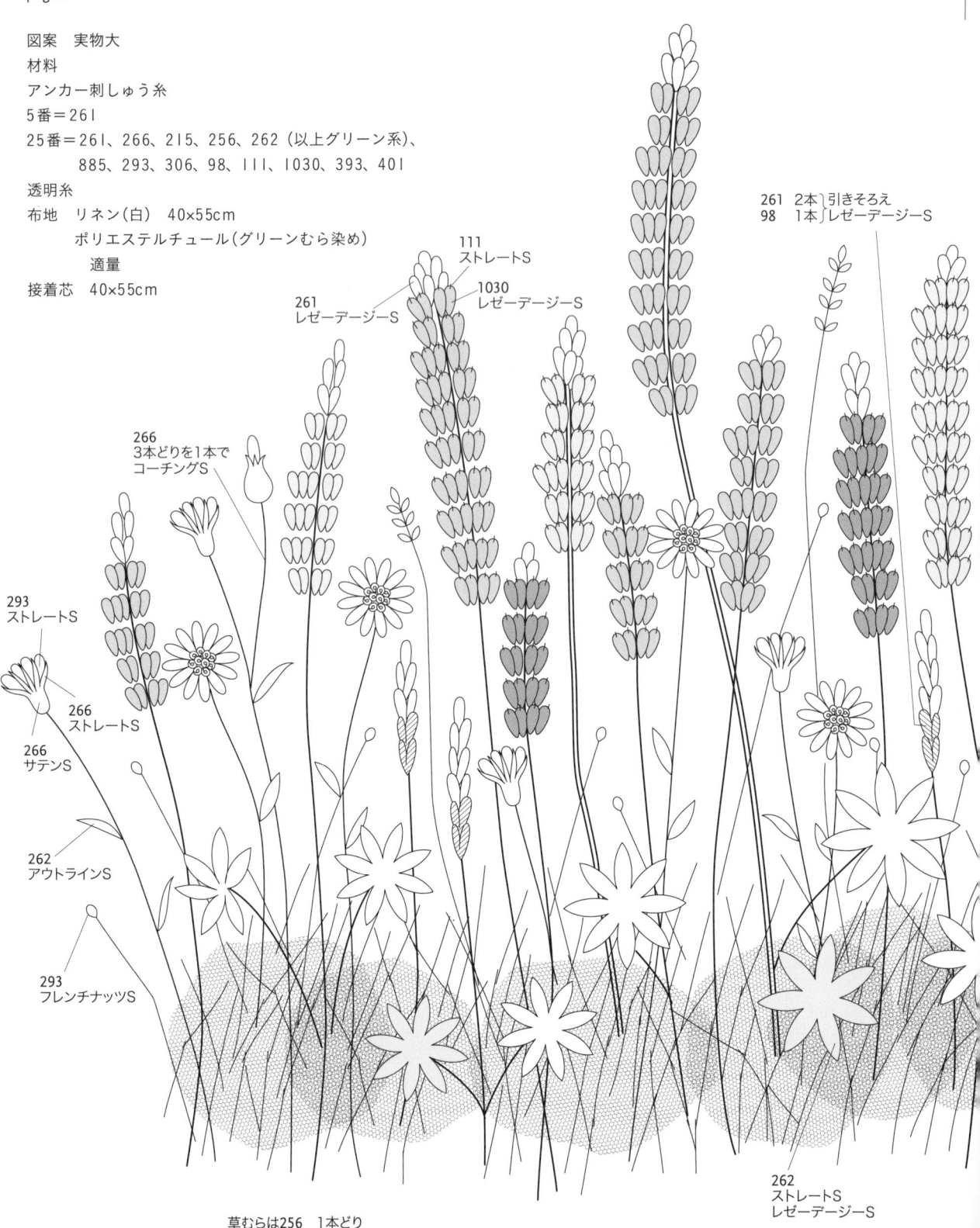

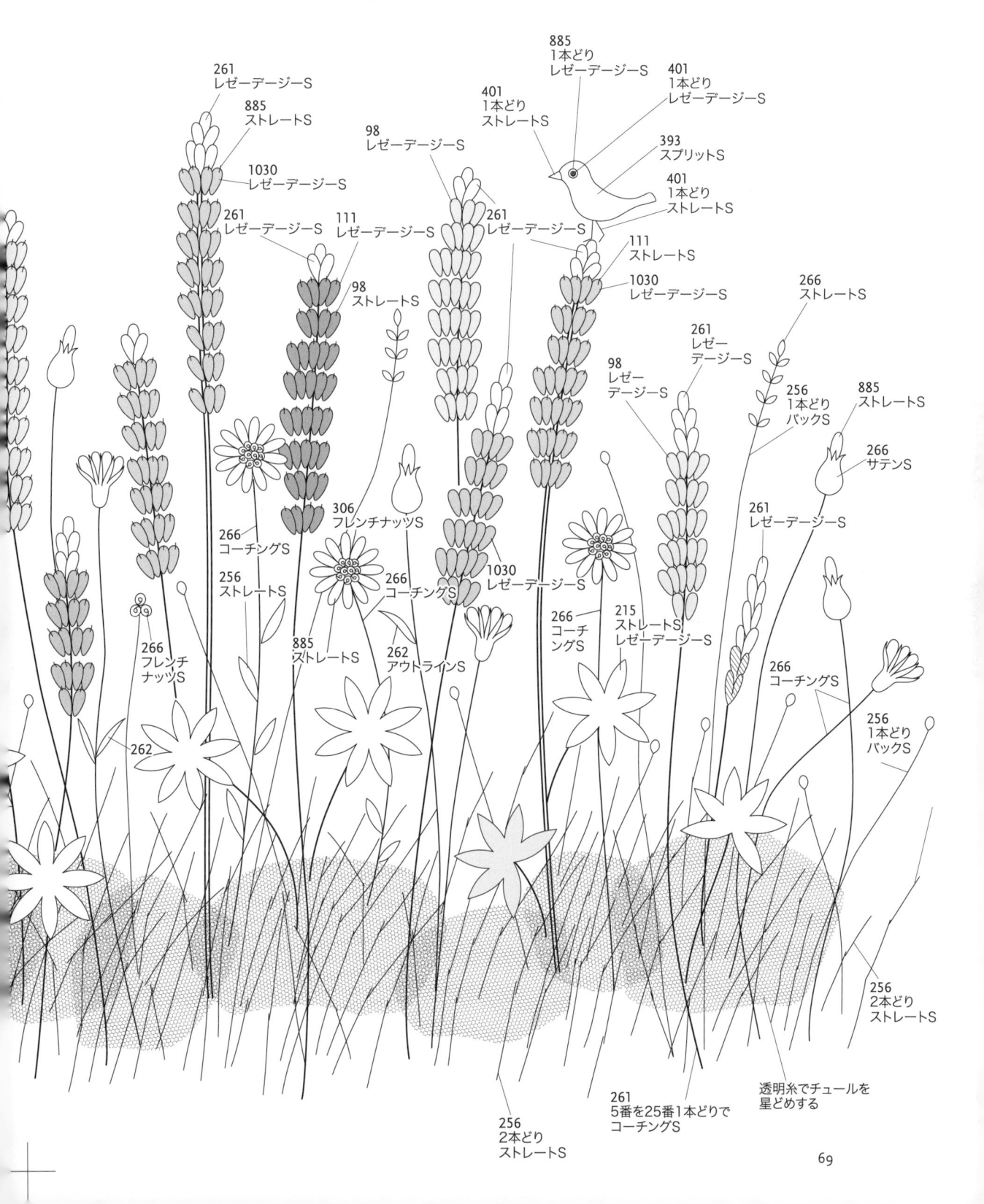

＊2色のコンビネーションのルピナスは、
レゼーデージーSをした後にストレートSをする

- 261 レゼーデージーS
- 885 ストレートS
- 1030 レゼーデージーS
- 261 レゼーデージーS
- 111 レゼーデージーS
- 98 ストレートS
- 98 レゼーデージーS
- 261 レゼーデージーS
- 885 1本どり レゼーデージーS
- 401 1本どり ストレートS
- 401 1本どり レゼーデージーS
- 393 スプリットS
- 401 1本どり ストレートS
- 261 レゼーデージーS
- 111 ストレートS
- 1030 レゼーデージーS
- 266 ストレートS
- 261 レゼーデージーS
- 256 1本どり バックS
- 885 ストレートS
- 266 サテンS
- 261 レゼーデージーS
- 266 フレンチナッツS
- 266 コーチングS
- 256 ストレートS
- 306 フレンチナッツS
- 266 コーチングS
- 262 アウトラインS
- 885 ストレートS
- 1030 レゼーデージーS
- 98 レゼーデージーS
- 266 コーチングS
- 266 ストレートS
- 215 レゼーデージーS
- 266 コーチングS
- 256 1本どり バックS
- 266 フレンチナッツS
- 262
- 256 2本どり ストレートS
- 261 5番を25番1本どりで コーチングS
- 256 2本どり ストレートS
- 透明糸でチュールを 星どめする

69

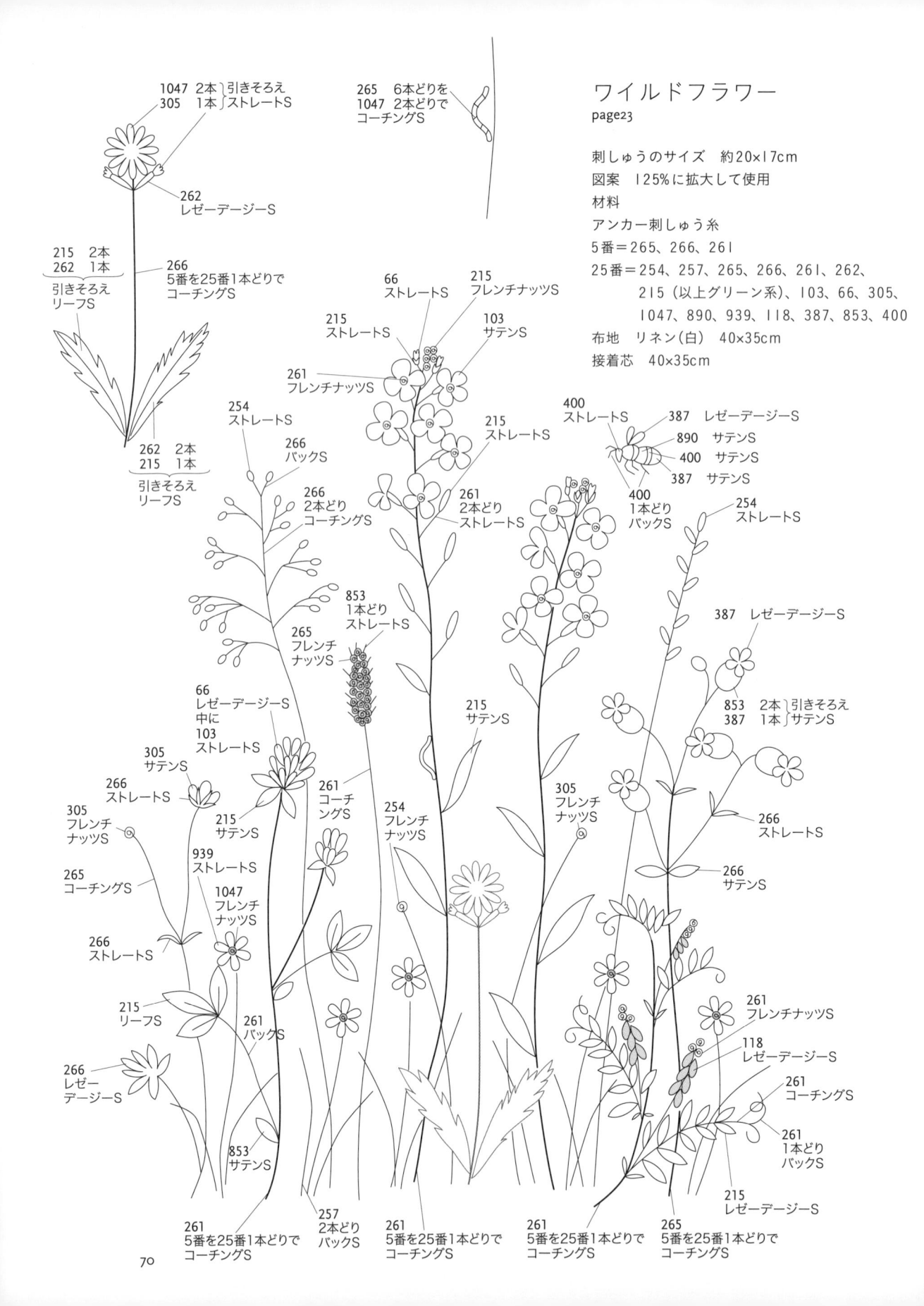

ワイルドフラワー
page23

刺しゅうのサイズ　約20×17cm
図案　125%に拡大して使用
材料
アンカー刺しゅう糸
5番＝265、266、261
25番＝254、257、265、266、261、262、
　　　 215（以上グリーン系）、103、66、305、
　　　 1047、890、939、118、387、853、400
布地　リネン（白）40×35cm
接着芯　40×35cm

1047　2本　引きそろえ
305　　1本　ストレートS
262　レゼーデージーS

265　6本どりを
1047　2本どりで
コーチングS

215　2本　引きそろえ
262　1本　リーフS

266　5番を25番1本どりでコーチングS

262　2本　引きそろえ
215　1本　リーフS

66　ストレートS
215　フレンチナッツS
103　サテンS
261　フレンチナッツS
254　ストレートS
215　ストレートS
266　バックS
266　2本どり　コーチングS
261　2本どり　ストレートS

400　ストレートS
387　レゼーデージーS
890　サテンS
400　サテンS
387　サテンS
400　1本どり　バックS
254　ストレートS

853　1本どり　ストレートS
265　フレンチナッツS
215　サテンS

387　レゼーデージーS
853　2本　引きそろえ
387　1本　サテンS

66　レゼーデージーS　中に
103　ストレートS
261　コーチングS
254　フレンチナッツS
305　フレンチナッツS
305　サテンS
266　ストレートS
266　サテンS

305　サテンS
266　ストレートS
305　フレンチナッツS
265　コーチングS
939　ストレートS
1047　フレンチナッツS
266　ストレートS
215　サテンS
215　リーフS
261　バックS
266　レゼーデージーS

261　フレンチナッツS
118　レゼーデージーS
261　コーチングS
261　1本どり　バックS
215　レゼーデージーS
265　レゼーデージーS

853　サテンS
261　5番を25番1本どりでコーチングS
257　2本どり　バックS
261　5番を25番1本どりでコーチングS
261　5番を25番1本どりでコーチングS
261　5番を25番1本どりでコーチングS
265　5番を25番1本どりでコーチングS

クローバー（四つ葉）
page22

図案　実物大
材料
アンカー刺しゅう糸
25番＝265、267（以上グリーン系）
透明糸
MOKUBAオーガンジーリボン（5mm幅）
No.1500＝15（ベージュ）　2.5cm
布地　リネン（白）　20×20cm
接着芯　20×20cm

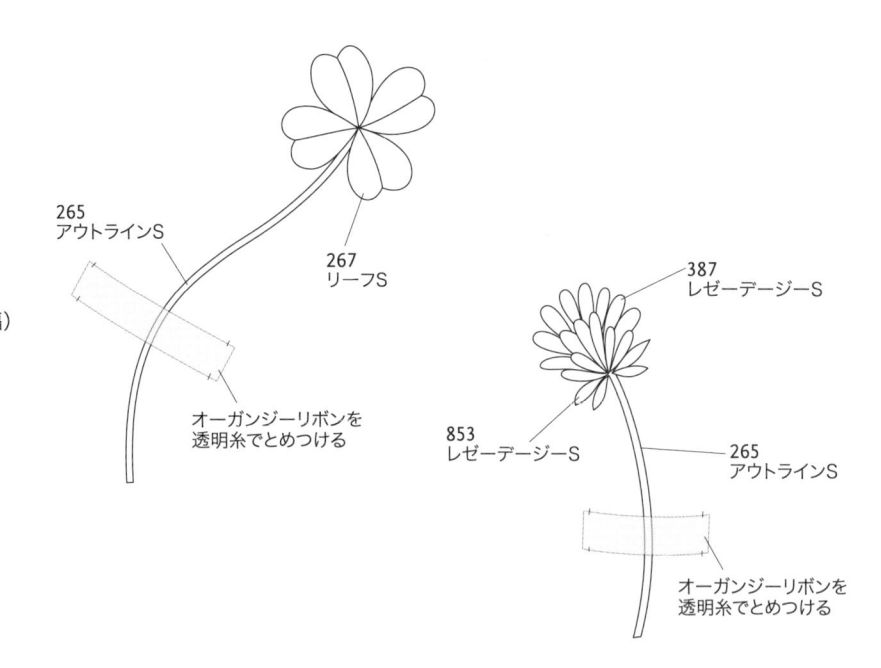

クローバー（花）
page22

図案　実物大
材料
アンカー刺しゅう糸
25番＝265（グリーン系）、387、853
透明糸
MOKUBAオーガンジーリボン（5mm幅）
No.1500＝15（ベージュ）　2cm
布地　リネン（白）　20×20cm
接着芯　20×20cm

ワイナリーの犬
page24

図案　実物大
材料
アンカー刺しゅう糸
25番＝387、372、1045、401、1018
布地　リネン（白）　20×20cm
接着芯　20×20cm

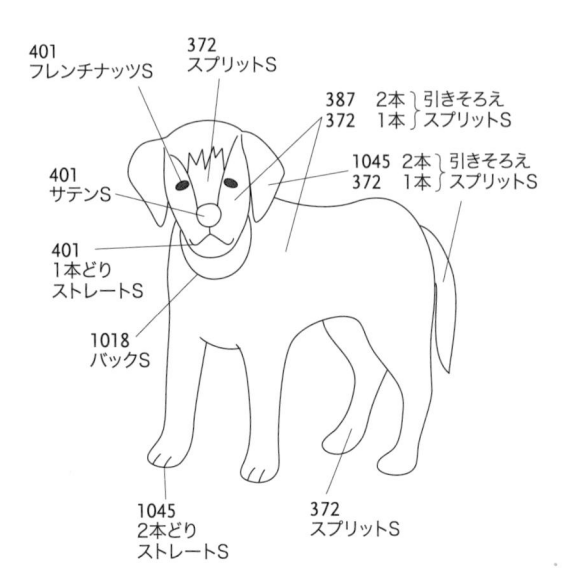

バラのつぼみ
page24

図案　実物大
材料
アンカー刺しゅう糸
25番＝261、215（以上グリーン系）、63
透明糸
MOKUBAオーガンジーリボン（5mm幅）
No.1500＝15（ベージュ）　2.5cm
布地　リネン（白）　20×20cm
接着芯　20×20cm

265 アウトラインS
267 リーフS
オーガンジーリボンを透明糸でとめつける

387 レゼーデージーS
853 レゼーデージーS
265 アウトラインS
オーガンジーリボンを透明糸でとめつける

401 フレンチナッツS
372 スプリットS
387 2本 引きそろえ
372 1本 スプリットS
1045 2本 引きそろえ
372 1本 スプリットS
401 サテンS
401 1本どり ストレートS
1018 バックS
1045 2本どり ストレートS
372 スプリットS

63 サテンS
215 リーフS
215 ストレートS
261 アウトラインS
261 サテンS
261 アウトラインS
オーガンジーリボンを透明糸でとめつける

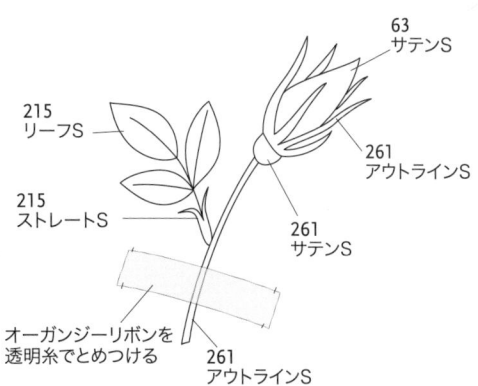

ワイルドローズ（ロサ・ルゴサ）
page25 上

図案　実物大
材料
アンカー刺しゅう糸
5番＝261
25番＝261、256、215、262
　　　（以上グリーン系）、
　　　63、305、233
MOKUBA刺しゅう用シルクリボン(4mm幅)
No.1547＝17（ピンク）　80cm
布地　リネン（白）　30×30cm
接着芯　30×30cm

ワイルドローズ（ロサ・グラウカ）
page25 下

図案　実物大
材料
アンカー刺しゅう糸
25番＝215、860
　　　（以上グリーン系）、
　　　387、66、1018、278、305
布地　リネン（白）　30×30cm
接着芯　30×30cm

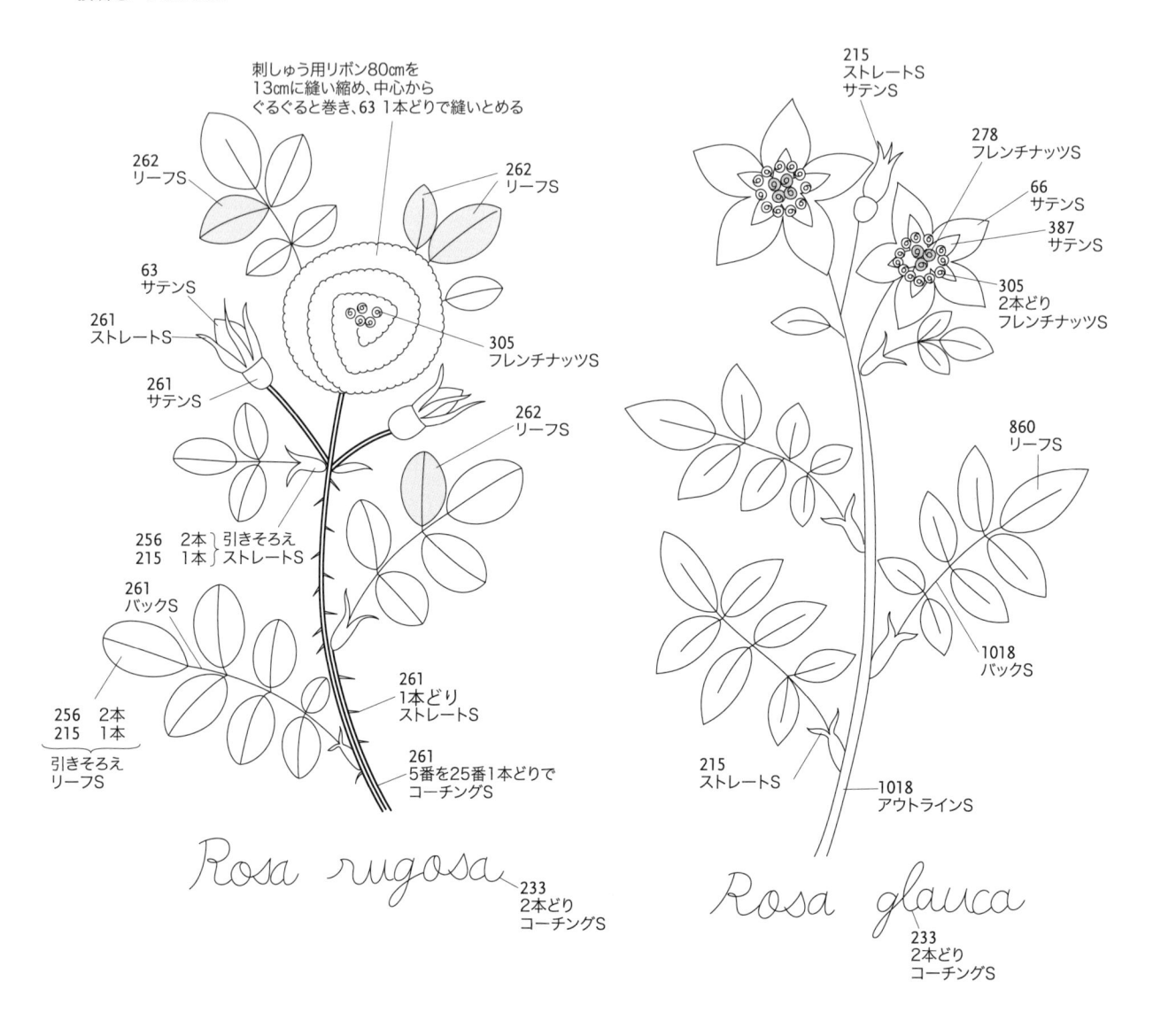

Rosa rugosa

刺しゅう用リボン80cmを13cmに縫い縮め、中心からぐるぐると巻き、63 1本どりで縫いとめる

- 262　リーフS
- 262　リーフS
- 63　サテンS
- 261　ストレートS
- 261　サテンS
- 305　フレンチナッツS
- 262　リーフS
- 256　2本　引きそろえ
- 215　1本　ストレートS
- 261　バックS
- 256　2本
- 215　1本　引きそろえ　リーフS
- 261　1本どり　ストレートS
- 261　5番を25番1本どりでコーチングS
- 233　2本どり　コーチングS

Rosa glauca

- 215　ストレートS　サテンS
- 278　フレンチナッツS
- 66　サテンS
- 387　サテンS
- 305　2本どり　フレンチナッツS
- 860　リーフS
- 1018　バックS
- 215　ストレートS
- 1018　アウトラインS
- 233　2本どり　コーチングS

リンゴ
page26

図案　実物大
材料
アンカー刺しゅう糸
25番＝5975、1025、832、393
布地　リネン（白）　20×20cm
接着芯　20×20cm

832
2本どり
フレンチナッツS

5975
サテンS

393
アウトラインS

5975
スプリットS

5975
スプリットS

1025
スプリットS

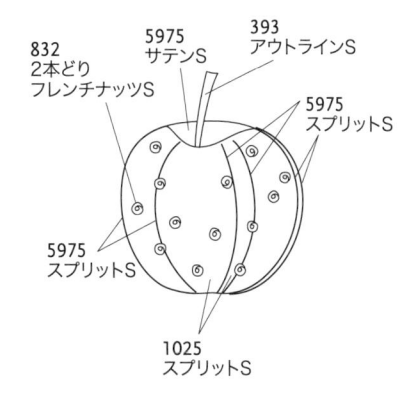

ロブスター
page26

図案　実物大
材料
アンカー刺しゅう糸
25番＝5975、393
布地　リネン（白）　20×20cm
接着芯　20×20cm

5975
スプリットS

393
フレンチナッツS

5975
スプリットS

5975
サテンS

5975
2本どり
アウトラインS

5975
サテンS

5975
レゼーデージーS

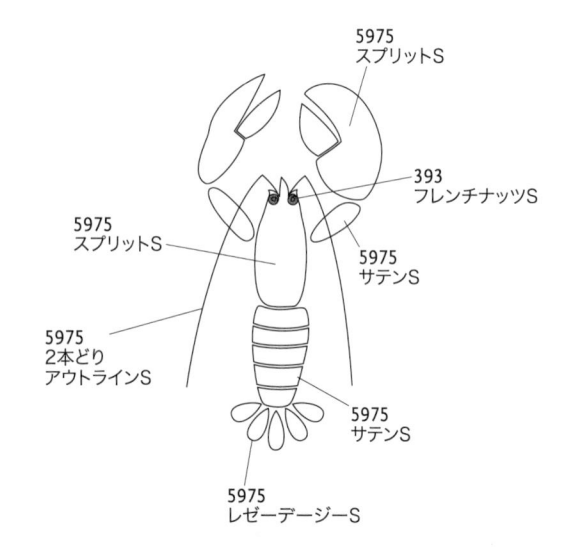

赤えんぴつ
page27

図案　実物大
材料
アンカー刺しゅう糸
25番＝5975、1014、1025、885、1041
布地　リネン（白）　25×25cm
　　　リネン（赤）　少々
接着芯　25×25cm
両面接着芯　少々

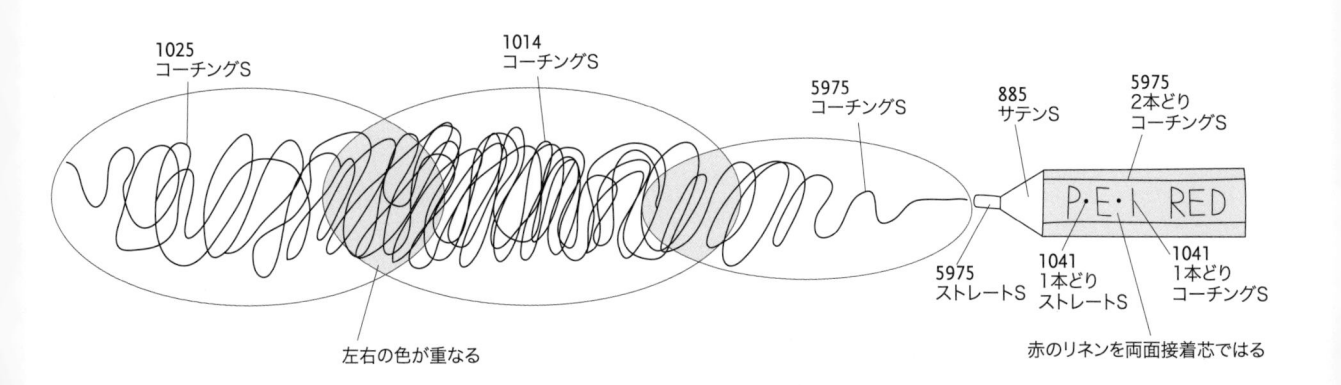

1025
コーチングS

1014
コーチングS

5975
コーチングS

885
サテンS

5975
2本どり
コーチングS

1041
1本どり
ストレートS

1041
1本どり
コーチングS

5975
ストレートS

左右の色が重なる

赤のリネンを両面接着芯ではる

砂のブックカバー（新書用）
page26

仕上りサイズ　約18×31cm
図案　125％に拡大して使用
材料
アンカー刺しゅう糸
25番＝5975、1007、936
MOKUBAグログランリボン(1.5cm幅)
No.8900＝11（ベージュ）20cm
布地　ハーフリネン　25×45cm
接着芯(薄地)　25×45cm

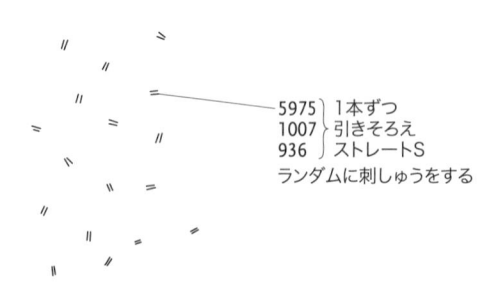

5975 ┐1本ずつ
1007 ├引きそろえ
936 ┘ストレートS
ランダムに刺しゅうをする

小石のブックカバー（文庫用）
page27

仕上りサイズ　約16×31cm
図案　125％に拡大して使用
材料
アンカー刺しゅう糸
25番＝5975、1007、936、233
MOKUBAグログランリボン(1.5cm幅)
No.8900＝11（ベージュ）18cm
布地　ハーフリネン　20×45cm
接着芯(薄地)　20×45cm

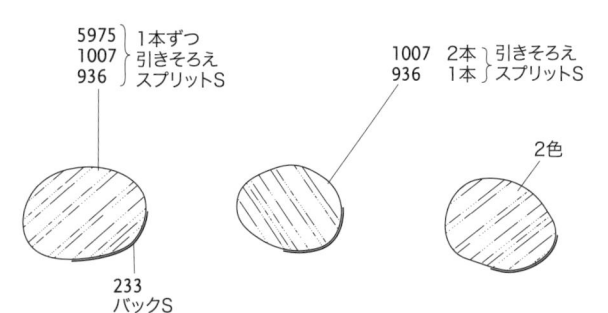

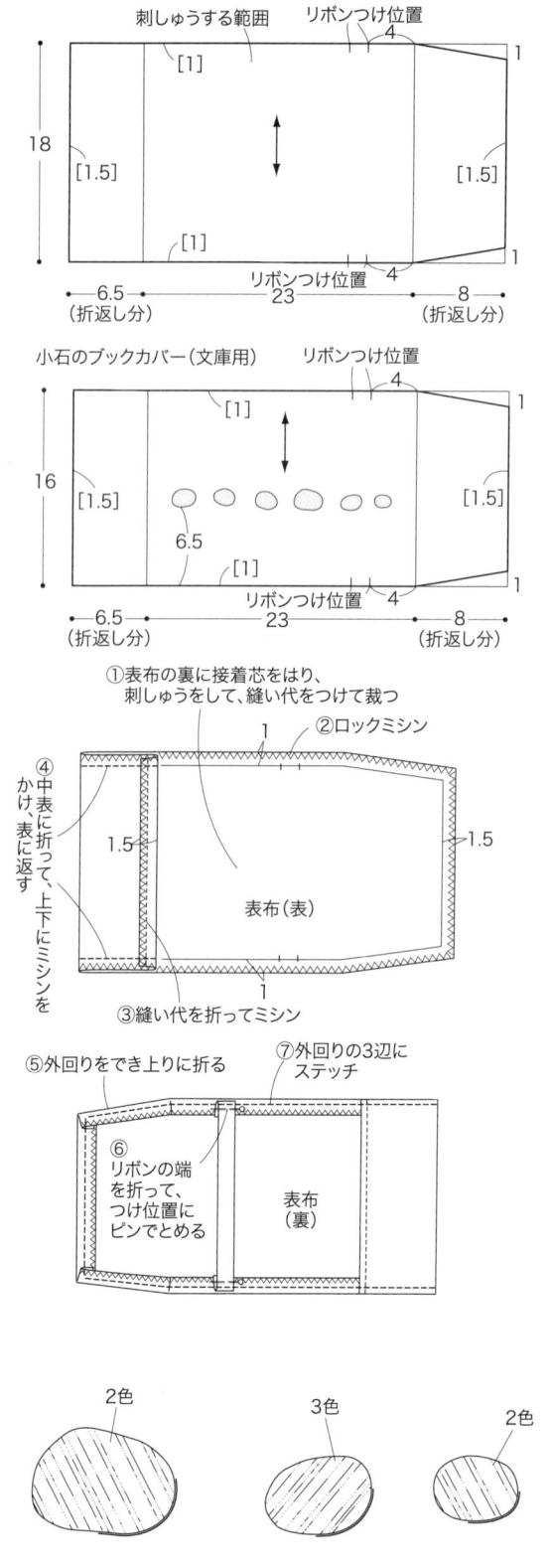

5975 ┐1本ずつ
1007 ├引きそろえ
936 ┘スプリットS

1007 ┐2本 ┐引きそろえ
936 ┘1本 ┘スプリットS

233 バックS

砂のブックカバー（新書用）　＊周囲に[ ]内の縫い代をつけて裁つ
刺しゅうする範囲　リボンつけ位置
18　[1]　[1.5]　[1.5]　4　1
[1]
リボンつけ位置　4　1
6.5（折返し分）　23　8（折返し分）

小石のブックカバー（文庫用）　リボンつけ位置
16　[1]　[1.5]　[1.5]　4　1
6.5　[1]
リボンつけ位置　4　1
6.5（折返し分）　23　8（折返し分）

①表布の裏に接着芯をはり、刺しゅうをして、縫い代をつけて裁つ
②ロックミシン
④中表に折りかけ、表に返す　上下にミシンを
1.5　1.5
1　表布(表)　1
③縫い代を折ってミシン

⑤外回りをでき上りに折る
⑦外回りの3辺にステッチ
⑥リボンの端を折って、つけ位置にピンでとめる
表布(裏)

2色　2色　3色　2色

＊方向を変えて刺しゅうをする

クロスステッチの家
page28、29

グリーンゲイブルズ
page28 上

図案　実物大
材料
アンカー刺しゅう糸
25番＝210、212、369、2、401
布地　インディアンクロス（5〜5.5目／1cm）　15×20cm

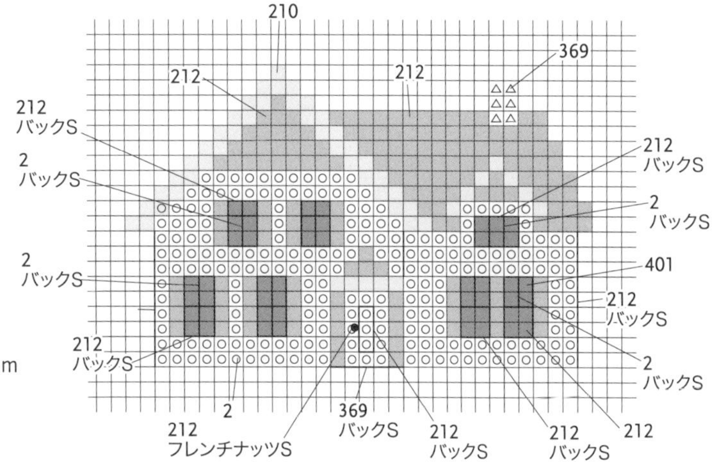

グレーの家
page29 下

図案　実物大
材料
アンカー刺しゅう糸
25番＝399、1014、401、2
布地　インディアンクロス（5〜5.5目／1cm）　15×15cm

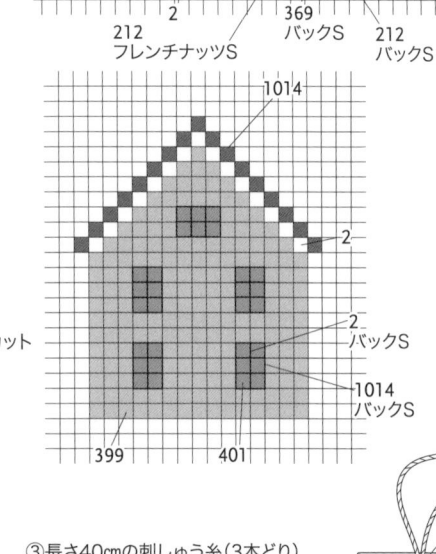

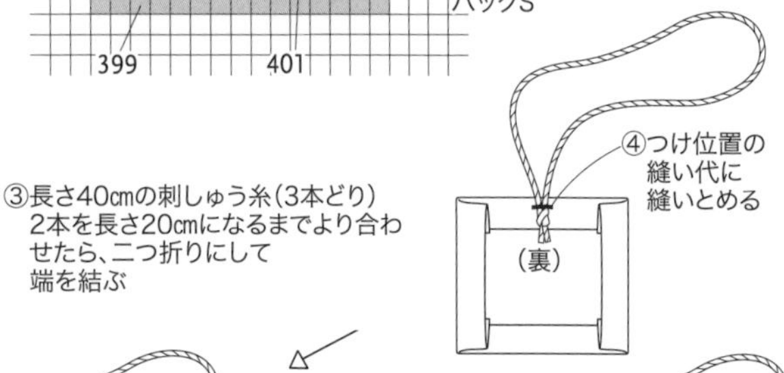

シザーキーパー
page28、29

図案　実物大
材料
● 赤い家　page29上
アンカー刺しゅう糸
25番＝401、2、1014
● 黄色い家　page28下右
アンカー刺しゅう糸
25番＝401、2、874
● 青い家　page28下左
アンカー刺しゅう糸
25番＝401、2、977
● 共通の材料
ビーズ（シルバー）1個
布地　インディアンクロス（5〜5.5目／1cm）
　　　15×30cm

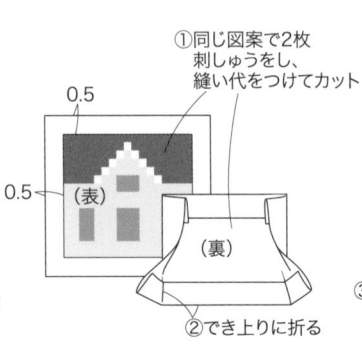

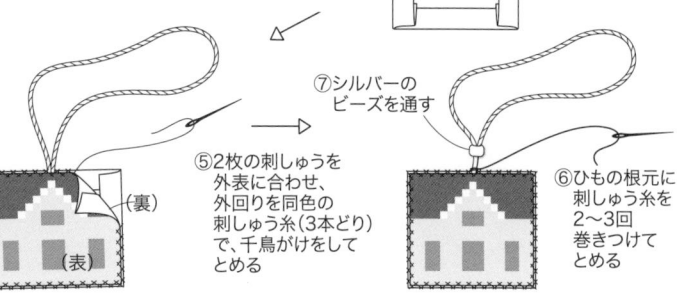

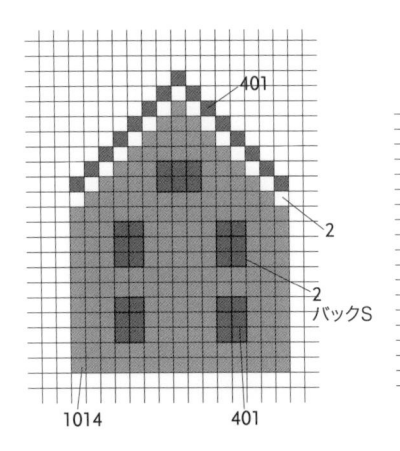

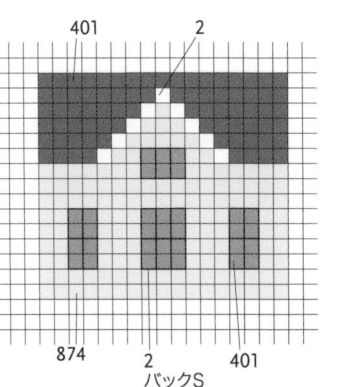

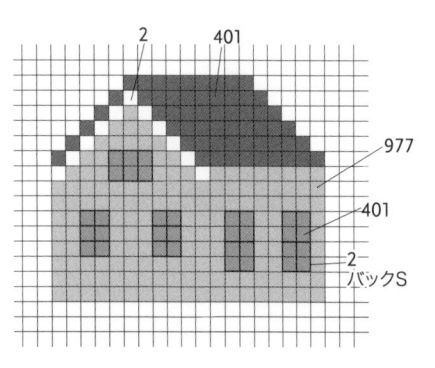

①同じ図案で2枚刺しゅうをし、縫い代をつけてカット
②でき上がりに折る
③長さ40cmの刺しゅう糸（3本どり）2本を長さ20cmになるまでより合わせたら、二つ折りにして端を結ぶ
④つけ位置の縫い代に縫いとめる
⑤2枚の刺しゅうを外表に合わせ、外回りを同色の刺しゅう糸（3本どり）で、千鳥がけをしてとめる
⑥ひもの根元に刺しゅう糸を2〜3回巻きつけてとめる
⑦シルバーのビーズを通す

75

ブルーベリー
page30 上

図案　実物大
材料
アンカー刺しゅう糸
5番＝261
25番＝215、261（以上グリーン系）、
　　　122、121
布地　リネン（白）　20×20cm
接着芯　20×20cm

121
フレンチナッツS

122
ストレートS

215
リーフS

122
サテンS

261
5番を25番1本どりで
コーチングS

378
1本どり
バックS

39
サテンS

1023
フレンチナッツS

262
レゼーデージーS

378
アウトラインS

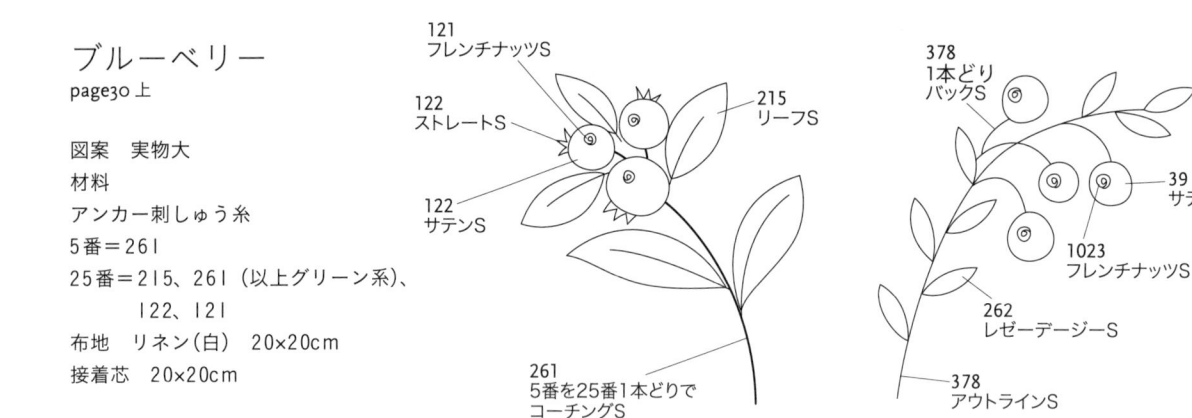

クランベリー
page30 中

図案　実物大
材料
アンカー刺しゅう糸
25番＝262（グリーン系）、378、39、1023
布地　リネン（白）　20×20cm
接着芯　20×20cm

ワイルドストロベリー
page30 下

図案　実物大
材料
アンカー刺しゅう糸
5番＝261
25番＝261、266、215（以上グリーン系）、
　　　233、1025、1023、387、
　　　890、278、378
布地　リネン（白）　30×30cm
接着芯　30×30cm

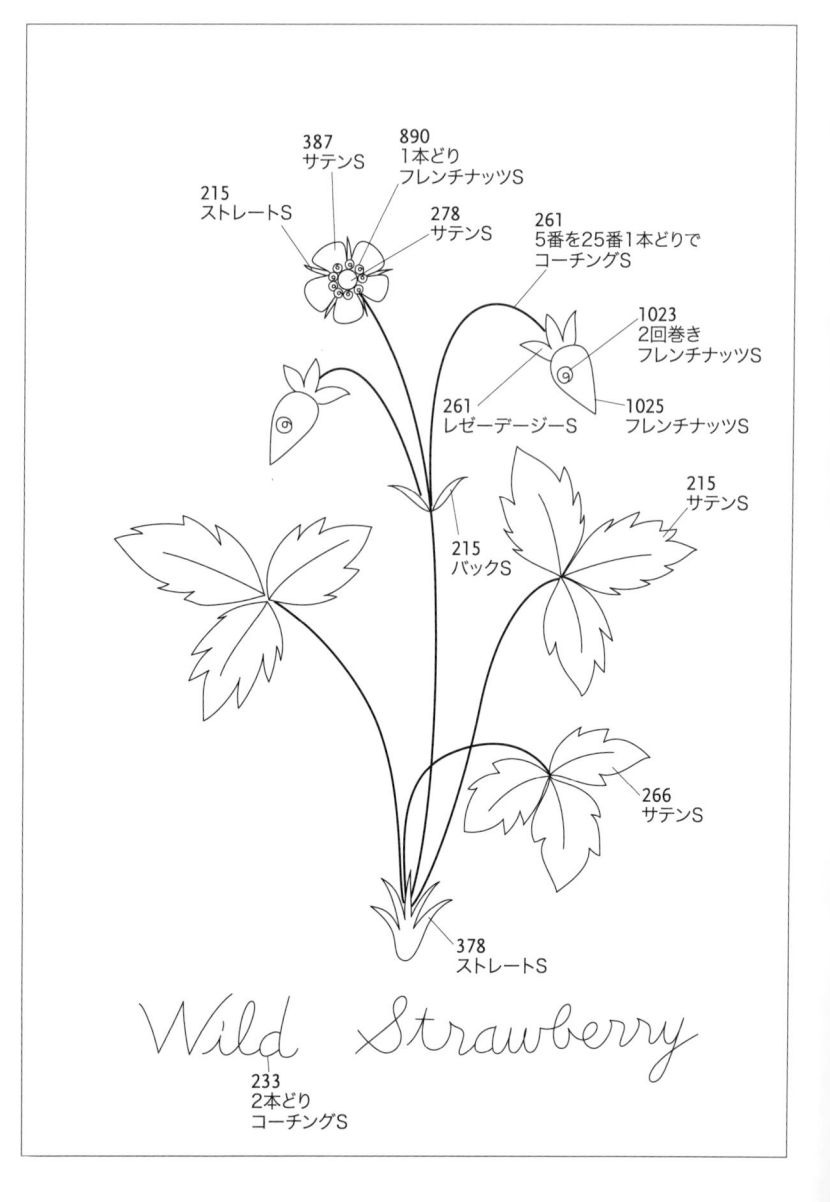

387
サテンS

890
1本どり
フレンチナッツS

215
ストレートS

278
サテンS

261
5番を25番1本どりで
コーチングS

1023
2回巻き
フレンチナッツS

261
レゼーデージーS

1025
フレンチナッツS

215
サテンS

215
バックS

266
サテンS

378
ストレートS

233
2本どり
コーチングS

Wild Strawberry

76

ブラックベリー（実）
page31 上

図案　実物大
材料
アンカー刺しゅう糸
25番＝261、215（以上グリーン系）、123、897
布地　ハーフリネン　20×20cm
直径22mmのくるみボタン

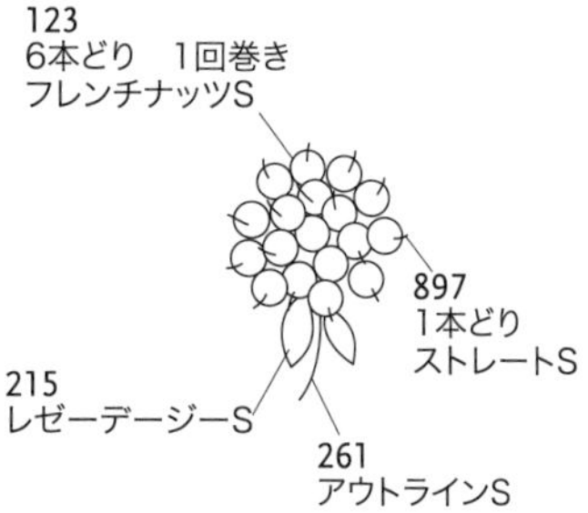

123
6本どり　1回巻き
フレンチナッツS

897
1本どり
ストレートS

215
レゼーデージーS

261
アウトラインS

ワイルドストロベリー（花）
page31 上から二つめと四つめ

図案　実物大
材料
アンカー刺しゅう糸
25番＝215（グリーン系）、926、278、890
布地　リネン（ブルーグレー）　20×20cm
直径18mm、13mmのくるみボタン

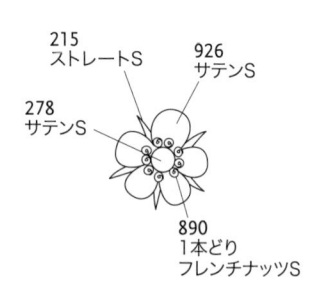

215
ストレートS

926
サテンS

278
サテンS

890
1本どり
フレンチナッツS

ラズベリー（実）
page31 上から三つめ

図案　実物大
材料
アンカー刺しゅう糸
25番＝261、215（以上グリーン系）、1025
布地　ハーフリネン　20×20cm
直径22mmのくるみボタン

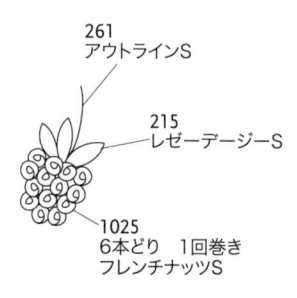

261
アウトラインS

215
レゼーデージーS

1025
6本どり　1回巻き
フレンチナッツS

ワイルドストロベリー（実）
page31 下

図案　実物大
材料
アンカー刺しゅう糸
25番＝261、215（以上グリーン系）、1025、1023
布地　水玉（白×ベージュ）　20×20cm
直径18mmのくるみボタン

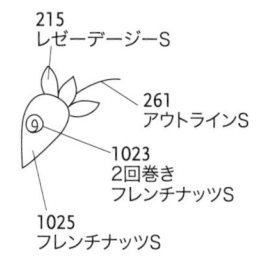

215
レゼーデージーS

261
アウトラインS

1023
2回巻き
フレンチナッツS

1025
フレンチナッツS

ブルージェイの羽根
page32

図案　実物大
材料
アンカー刺しゅう糸
25番＝145、400
布地　リネン（白）　20×20cm
接着芯　20×20cm

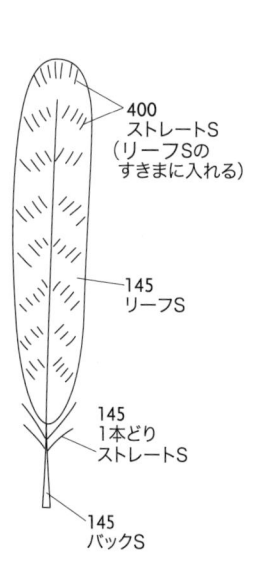

400
ストレートS
（リーフSの
すきまに入れる）

145
リーフS

145
1本どり
ストレートS

145
バックS

77

鳥の巣
page32

図案　実物大
材料
アンカー刺しゅう糸
25番＝847、393、392
麻糸(5番刺しゅう糸程度の太さ)
布地　リネン(白)　20×20cm
　　　ピュアリネン　適量
接着芯　20×20cm
両面接着芯　適量

847 サテンS
393 2本どり ストレートS
400 アウトラインS
400 サテンS
145 2本どり コーチングS
885 ストレートS
ベージュのリネンを両面接着芯ではる
麻糸を392 1本どりでコーチングS
ブルーのリネンを両面接着芯ではる

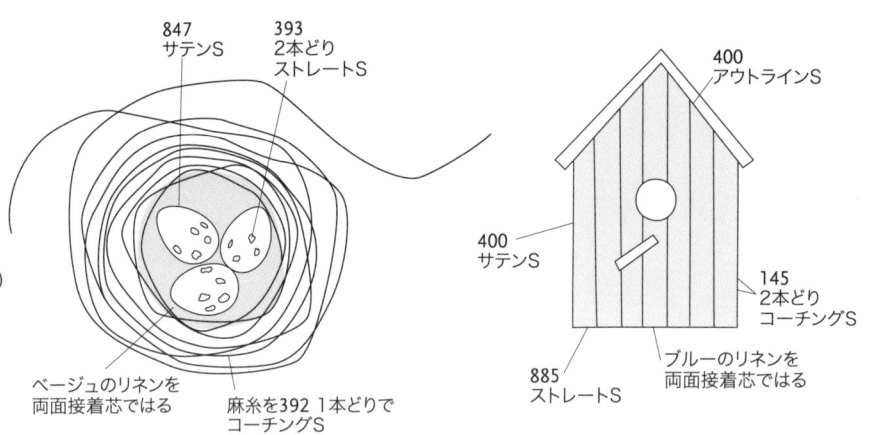

巣箱
page32

図案　実物大
材料
アンカー刺しゅう糸
25番＝145、400、885
布地　リネン(白)　20×20cm
　　　リネン(ブルー)　適量
接着芯　20×20cm
両面接着芯　適量

ブルージェイ
page33 上

図案　実物大
材料
アンカー刺しゅう糸
25番＝860、(グリーン系)、
　　　145、236、926、1024、899
麻糸(5番刺しゅう糸程度の太さ)
布地　リネン　30×30cm
接着芯　30×30cm

145 バックS
236 サテンS
145 2本どり レゼーデージーS
236 フレンチナッツS
236 ストレートS
236 ストレートS
1024 2本どり バックS
860 リーフS
926 サテンS
236 ストレートS
926 スプリットS
926 サテンS
236 2本どり ストレートS＋バックS
麻糸を899 1本どりでコーチングS

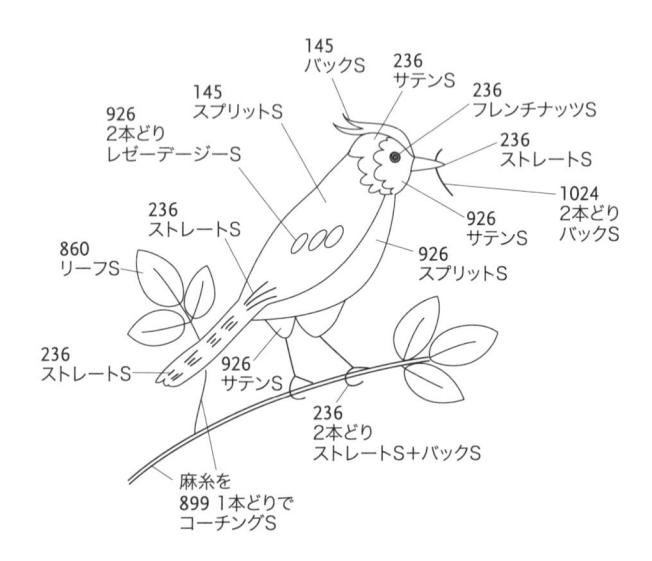

アメリカンロビン
page33

図案　実物大
材料
アンカー刺しゅう糸
25番＝266、215、254(以上グリーン系)、
　　　926、236、273、5975、306
布地　リネン　30×30cm
接着芯　30×30cm

926 1本どり レゼーデージーS
236 フレンチナッツS
273 2本 引きそろえ
236 1本 スプリットS
306 2本どり ストレートS
215 ストレートS
215 リーフS
254 フレンチナッツS
926 スプリットS
273 2本 引きそろえ
236 1本 スプリットS
5975 スプリットS
926 ストレートS
926 サテンS
236 2本どり ストレートS
266 2本どり バックS

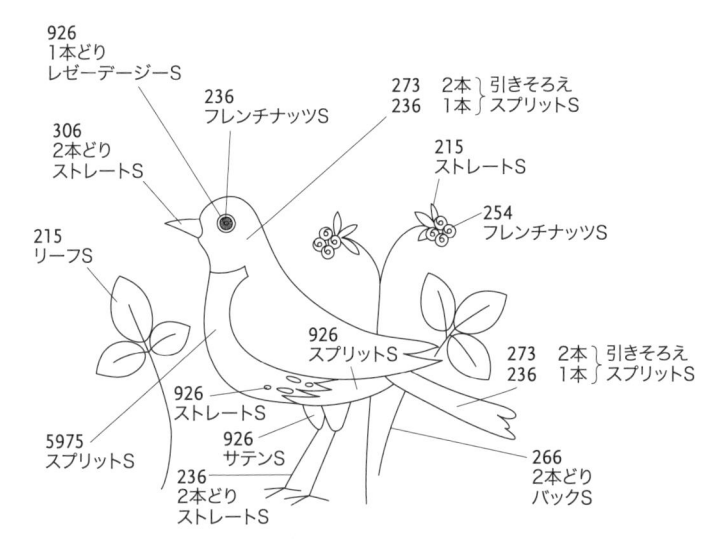

ムスカリ
page34 上左

図案　実物大
材料
アンカー刺しゅう糸
25番＝266（グリーン系）、118、176、926
布地　リネン（白）20×20cm
接着芯　20×20cm

- 118 レゼーデージーS
- 176 レゼーデージーS
- 118 サテンS
- 118 サテンS
- 176 レゼーデージーS
- 926 フレンチナッツS
- 266 アウトラインS

＊サテンSをした1つの花を、レゼーデージーSでくるむように刺しゅうする

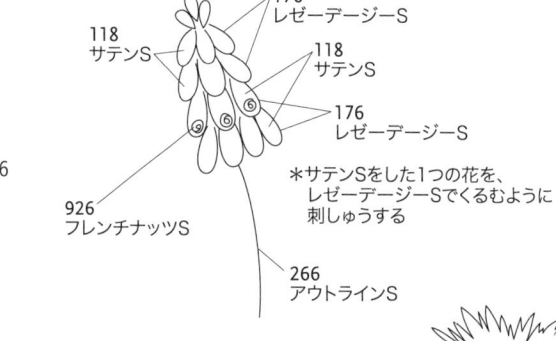

ヤグルマソウ
page34 上右

図案　実物大
材料
アンカー刺しゅう糸
25番＝261（グリーン系）、393、176
布地　リネン（白）20×20cm
接着芯　20×20cm

- 176 サテンS
- 261 2本 ｝引きそろえ
- 393 1本 ｝レゼーデージーS
- 261 アウトラインS

- 175 スプリットS
- 236 1本どり ストレートS フレンチナッツS
- 236 サテンS
- 926 サテンS
- 236 2本どり ストレートS
- 175 2本どり ストレートS
- 236 サテンS

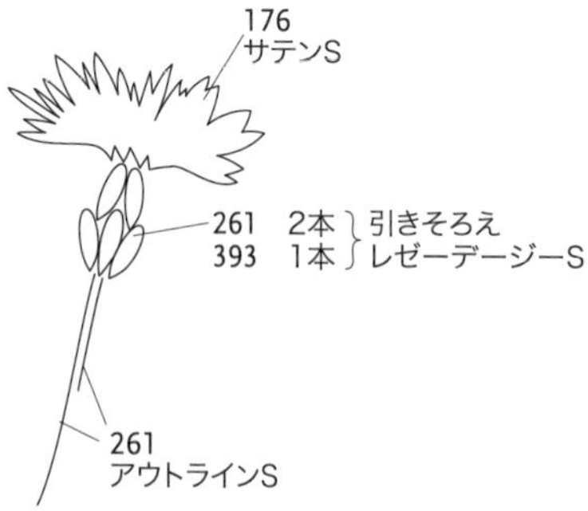

シルバリーブルー
page34 下

図案　実物大
材料
アンカー刺しゅう糸
25番＝175、236、926
布地　リネン（白）20×20cm
接着芯　20×20cm

＊ブルーと白で羽を刺した後境目に236でストレートSを入れる

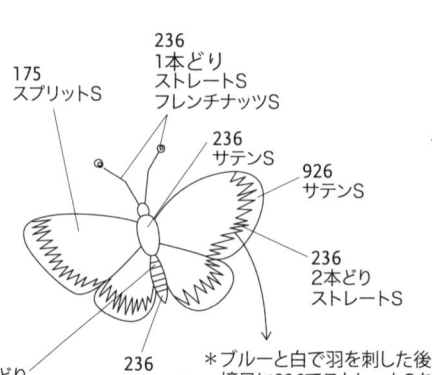

ドイリー
page35

仕上りサイズ　約25×25cm
図案（page80）125％に拡大して使用
材料
アンカー刺しゅう糸
25番＝261、266、215（以上グリーン系）、
　　　144、176、117、118、305、306、90、387、236
布地　リネン（白）35×35cm

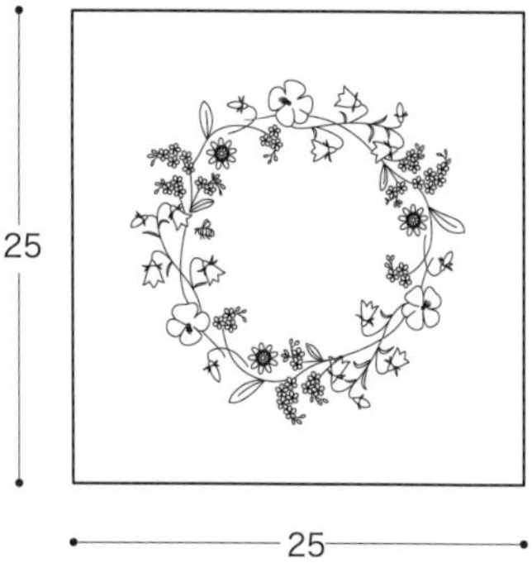

25 × 25
＊周囲に3cmの縫い代をつけて裁つ

角の縫い方

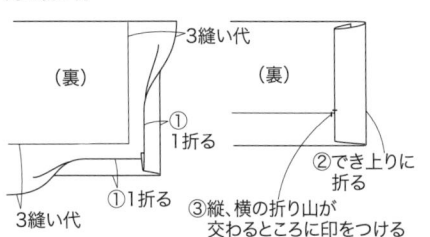

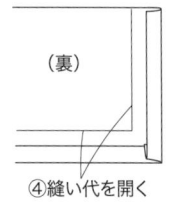

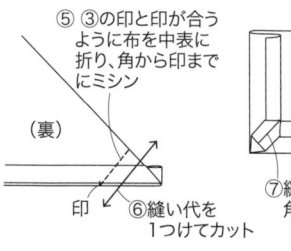

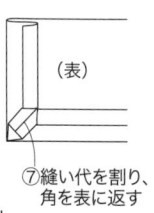

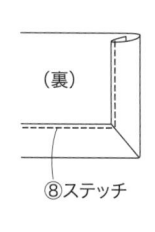

- 3縫い代
- （裏）
- ①1折る
- 3縫い代
- ①1折る
- （裏）
- ②でき上りに折る
- ③縦、横の折り山が交わるところに印をつける
- （裏）
- ④縫い代を開く
- ⑤③の印と印が合うように布を中表に折り、角から印までにミシン
- （裏）
- 印
- ⑥縫い代を1つけてカット
- （表）
- ⑦縫い代を割り、角を表に返す
- （裏）
- ⑧ステッチ

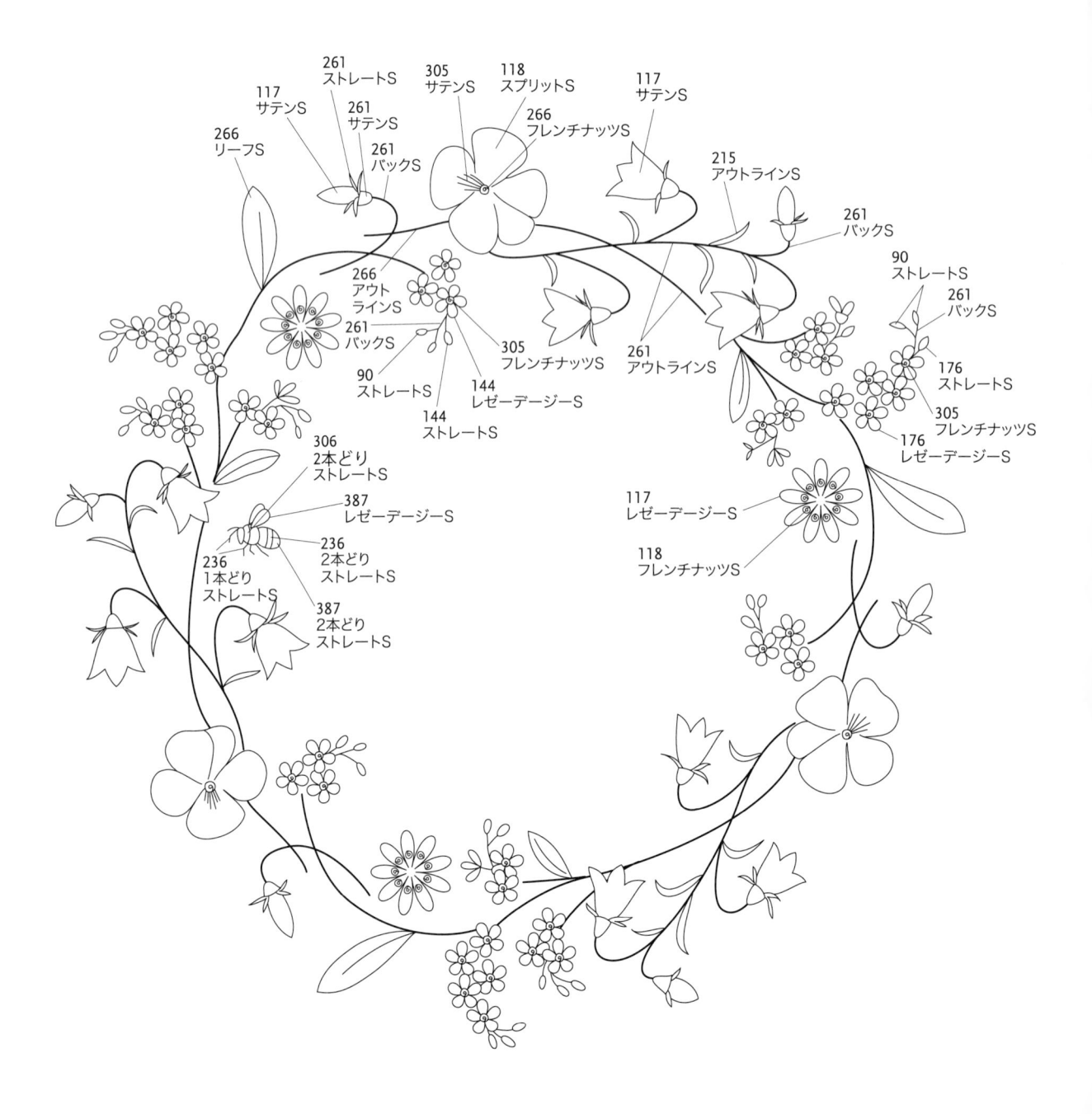

ドイリー(page35)の図案　125%に拡大して使用

クロスステッチの灯台
page36、37

★刺しゅう用リネンの織り糸2本×2本でクロスステッチ1目を刺す。

ウッドアイランド
page36 上左

刺しゅうのサイズ　約5.9×5.1cm
材料
アンカー刺しゅう糸
25番＝2、235、401、343、13、234
布地　刺しゅう用リネン
　　　（織り糸11本／1cm）20×20cm

ケープベア
page36 上右

刺しゅうのサイズ　約4.3×2cm
材料
アンカー刺しゅう糸
25番＝2、235、401、343、13
布地　刺しゅう用リネン（織り糸11本／1cm）
　　　20×20cm

ポイントプリム
page36 下左

刺しゅうのサイズ　約5.4×2cm
材料
アンカー刺しゅう糸
25番＝2、235、401、13、343
布地　刺しゅう用リネン（織り糸11本／1cm）
　　　20×20cm

パンミュールヘッド
page36 下中

刺しゅうのサイズ　約5.6×2.7cm
材料
アンカー刺しゅう糸
25番＝2、235、401、343、13
布地　刺しゅう用リネン（織り糸11本／1cm）20×20cm

ウエストポイント
page36 下右、37

刺しゅうのサイズ　約5.9×3.1cm
材料
アンカー刺しゅう糸
25番＝2、235、152、343、13
布地　刺しゅう用リネン（織り糸11本／1cm）20×20cm
★バッグは市販品で、の抜きキャンバス（5目／1cm）を使用する。
カモメはキャンバスを抜いたあと、ストレートSで入れる。

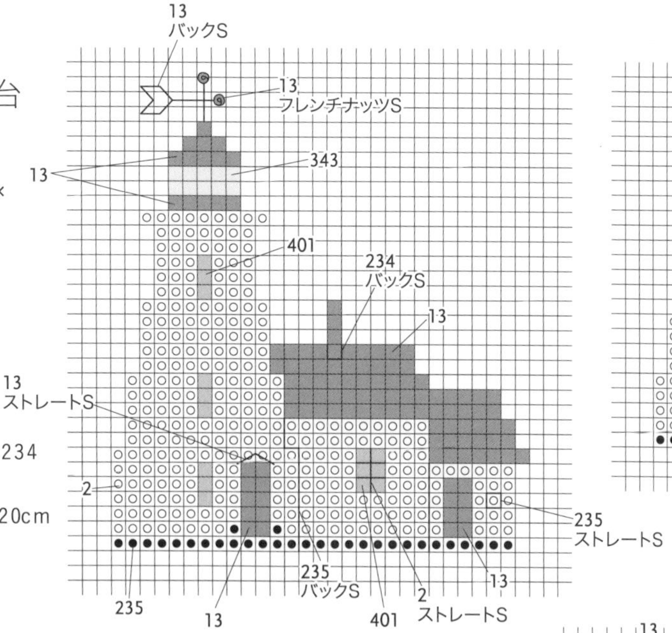

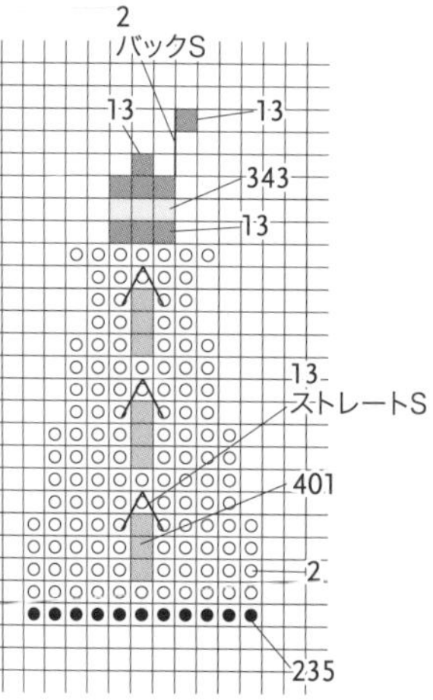

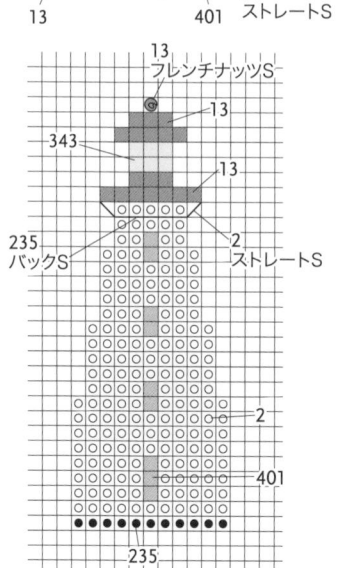

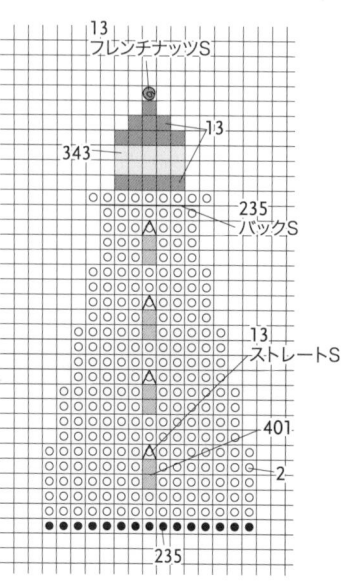

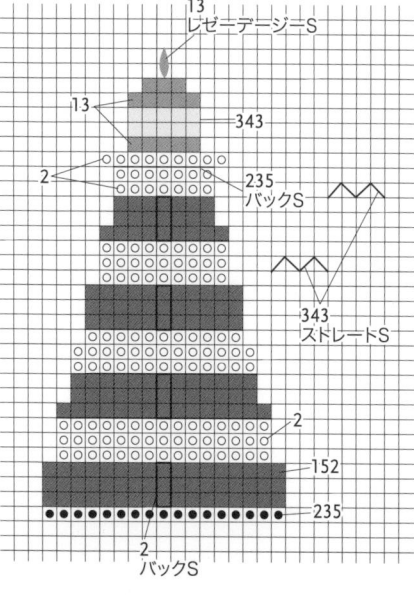

ヨット
page38

図案　実物大
材料
アンカー刺しゅう糸
25番＝926、145、1036
布地　リネン(白)　20×20cm
接着芯　20×20cm

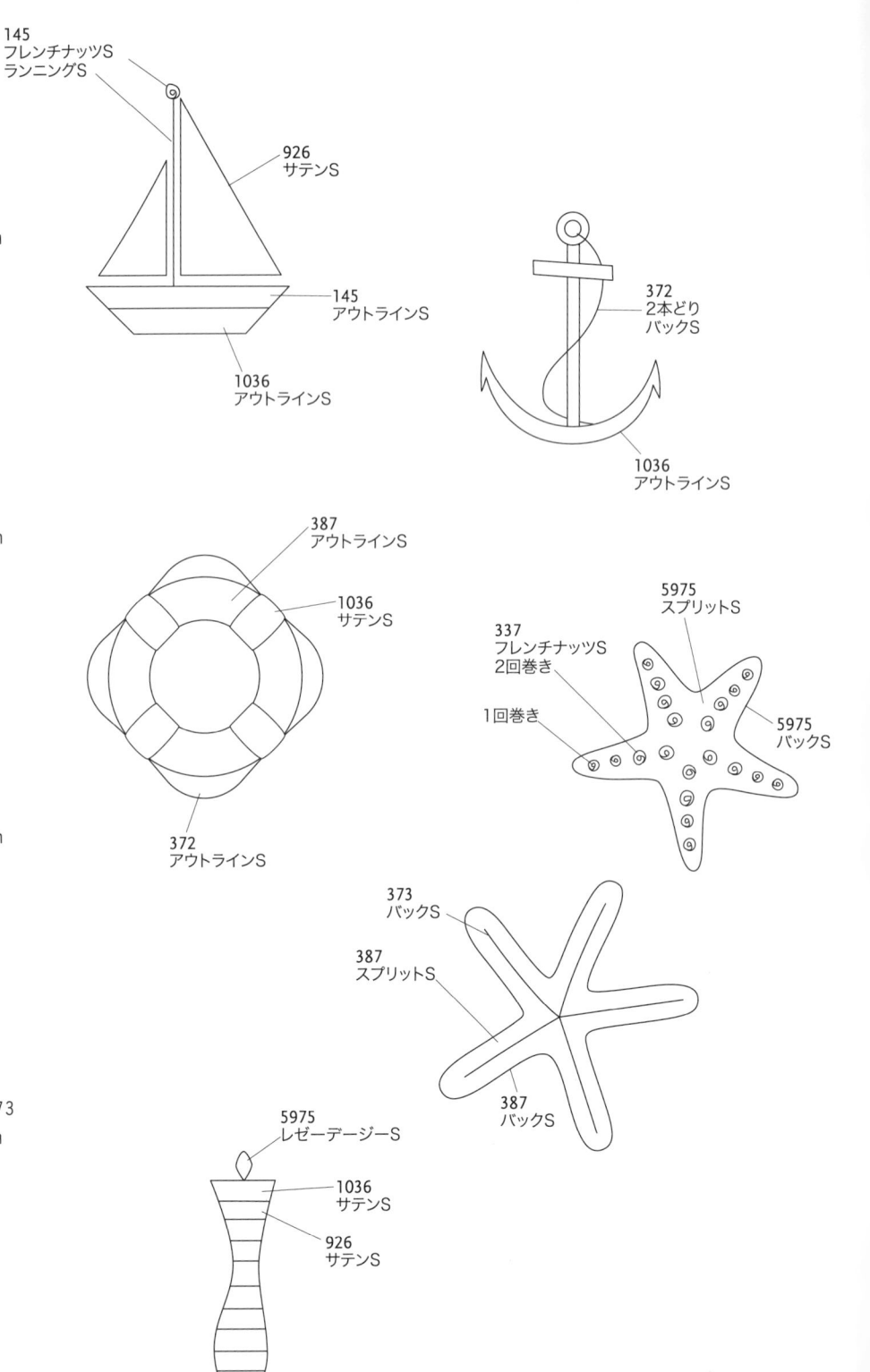

いかり
page38

図案　実物大
材料
アンカー刺しゅう糸
25番＝372、1036
布地　リネン(白)　20×20cm
接着芯　20×20cm

浮き輪
page38

図案　実物大
材料
アンカー刺しゅう糸
25番＝387、372、1036
布地　リネン(白)　20×20cm
接着芯　20×20cm

ヒトデ
page39

図案　実物大
材料
アンカー刺しゅう糸
25番＝337、5975、387、373
布地　リネン(白)　20×20cm
接着芯　20×20cm

釣り針
page39

図案　実物大
材料
アンカー刺しゅう糸
25番＝5975、1036、926
布地　リネン(白)　20×20cm
接着芯　20×20cm

145
フレンチナッツS
ランニングS

926
サテンS

145
アウトラインS

1036
アウトラインS

372
2本どり
バックS

1036
アウトラインS

387
アウトラインS

1036
サテンS

372
アウトラインS

5975
スプリットS

337
フレンチナッツS
2回巻き

1回巻き

5975
バックS

373
バックS

387
スプリットS

387
バックS

5975
レゼーデージーS

1036
サテンS

926
サテンS

5975
ストレートS
アウトラインS

いかりのきんちゃく

page39

仕上りサイズ　約19×14cm
材料
アンカー刺しゅう糸
25番＝372、1036
布地　表布＝ストライプ（ブルー×白）　50×20cm
　　　裏布＝リネン（ブルー）　40×20cm
接着芯　適量
革ひも　80cm

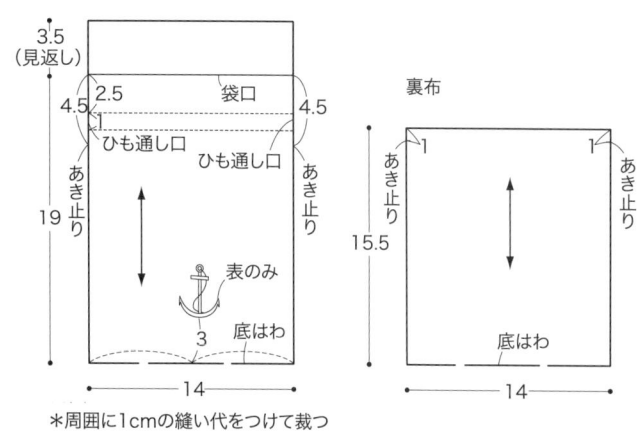

表布

- 3.5（見返し）
- 2.5　袋口
- 4.5　4.5
- ひも通し口　ひも通し口
- あき止り　あき止り
- 19
- 表のみ
- 3
- 底はわ
- 14

裏布

- 1　1
- あき止り　あき止り
- 15.5
- 底はわ
- 14

＊周囲に1cmの縫い代をつけて裁つ

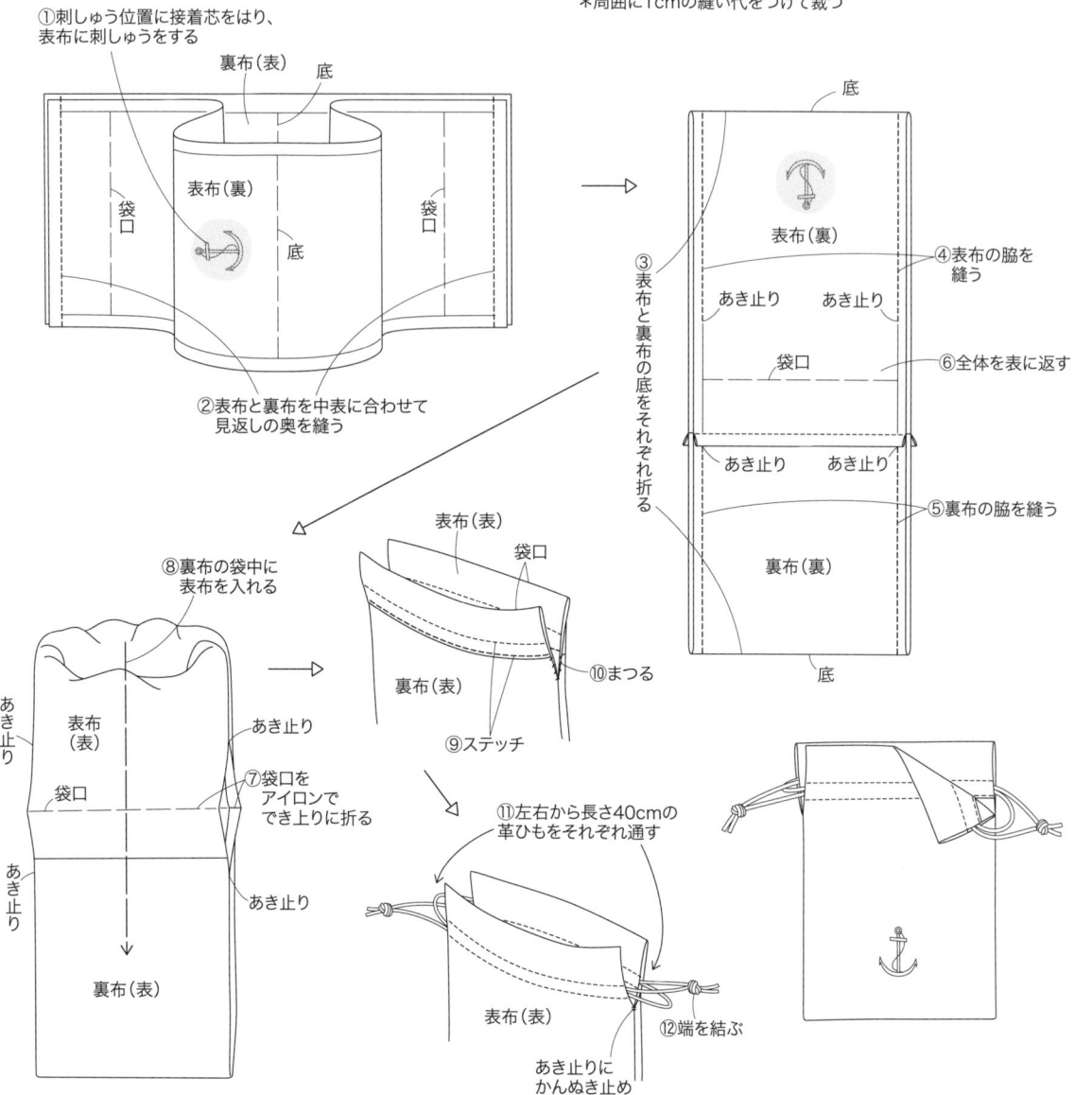

① 刺しゅう位置に接着芯をはり、表布に刺しゅうをする

裏布（表）　底
袋口　袋口
表布（裏）
底

② 表布と裏布を中表に合わせて見返しの奥を縫う

③ 表布と裏布の底をそれぞれ折る
④ 表布の脇を縫う
⑤ 裏布の脇を縫う
⑥ 全体を表に返す

底
表布（裏）
あき止り　あき止り
袋口
あき止り　あき止り
裏布（裏）
底

⑦ 袋口をアイロンででき上りに折る
⑧ 裏布の袋中に表布を入れる
⑨ ステッチ
⑩ まつる

表布（表）
袋口
裏布（表）

あき止り
表布（表）
袋口
あき止り
あき止り
裏布（表）

⑪ 左右から長さ40cmの革ひもをそれぞれ通す
⑫ 端を結ぶ
あき止りにかんぬき止め

表布（表）

83

ポテト
page40

図案　実物大
材料
アンカー刺しゅう糸
25番＝372、393
布地　リネン（白）各20×20cm
接着芯　各20×20cm

393 ストレートS
372 サテンS
393 フレンチナッツS

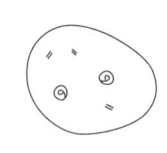

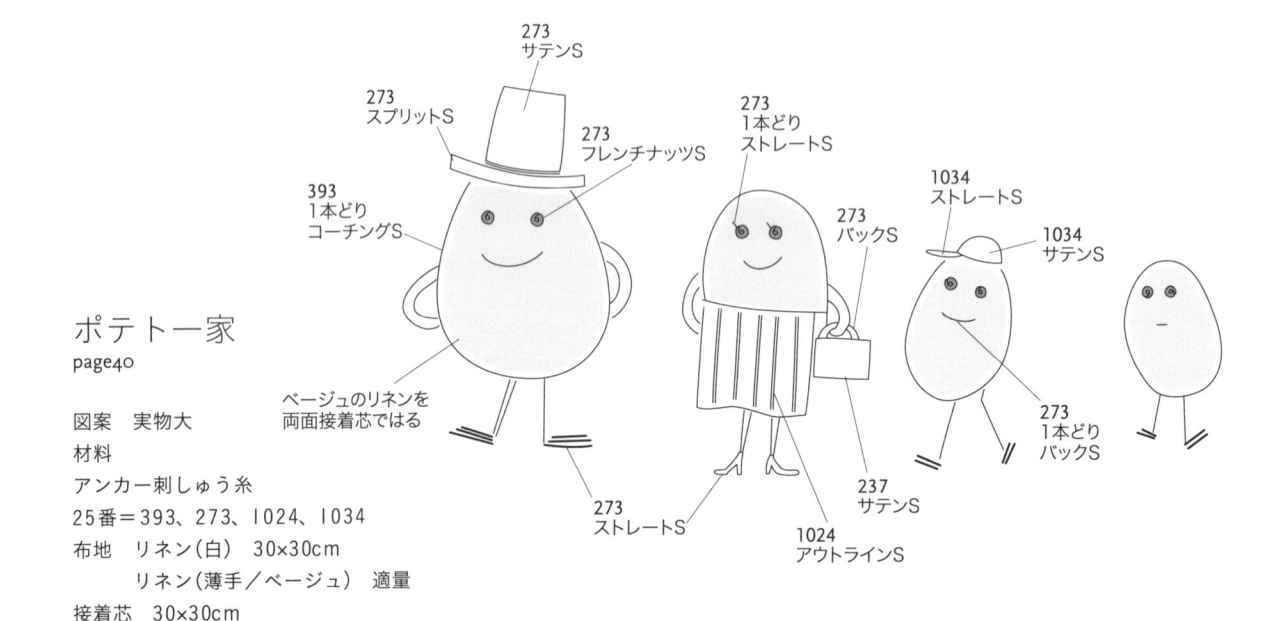

ポテト一家
page40

図案　実物大
材料
アンカー刺しゅう糸
25番＝393、273、1024、1034
布地　リネン（白）　30×30cm
　　　リネン（薄手／ベージュ）　適量
接着芯　30×30cm
両面接着芯　適量

273 サテンS
273 スプリットS
273 フレンチナッツS
393 1本どり コーチングS
273 1本どり ストレートS
273 バックS
1034 ストレートS
1034 サテンS
273 1本どり バックS
ベージュのリネンを両面接着芯ではる
273 ストレートS
237 サテンS
1024 アウトラインS

ライラック
page17 上

図案　実物大
材料
アンカー刺しゅう糸
25番＝261、215（以上グリーン系）、97、109
布地　リネン（白）　20×20cm
接着芯　20×20cm

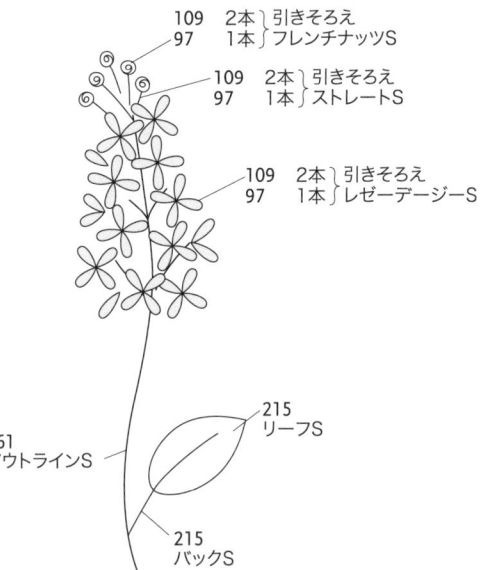

109 2本 引きそろえ
97　1本 フレンチナッツS
109 2本 引きそろえ
97　1本 ストレートS
109 2本 引きそろえ
97　1本 レゼーデージーS
215 リーフS
261 アウトラインS
215 バックS

ボタニカルアート風ポテト図
page41

図案　実物大
材料
アンカー刺しゅう糸
5番＝261
25番＝261、215（以上グリーン系）、
　　　885、372、393、305、342
布地　リネン（白）　35×35cm
接着芯　35×35cm
アルファベットスタンプ
茶色のインク

342
レゼーデージーS

261
コーチングS

305
ストレートS

A ─ スタンプ　茶色のインク使用

261
ストレートS

342
サテンS

261
5番を25番1本どりで
コーチングS

B

215
リーフS

215
サテンS

261
バックS

C

885
アウトラインS

885
コーチングS

D

372
サテンS

E

393
フレンチナッツS

85

ラディッシュ
page42

図案　実物大
材料
アンカー刺しゅう糸
25番＝265、267、268（以上グリーン系）、42、926
布地　リネン（白）　20×20cm
接着芯　20×20cm

267　2本 ┐ 引きそろえ
268　1本 ┘ サテンS
267
サテンS
268
サテンS
265
バックS
42
サテンS
926
フレンチナッツS
42
バックS

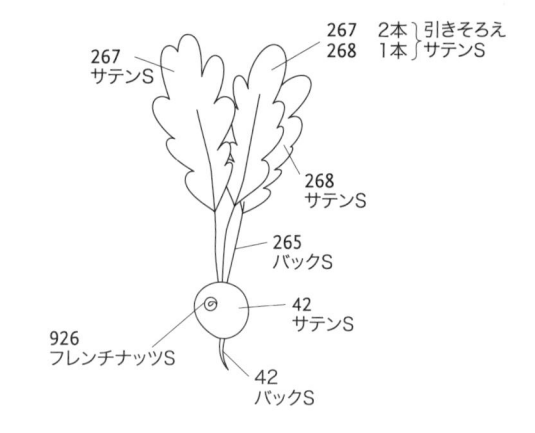

ブーケ
page42

図案　実物大
材料
アンカー刺しゅう糸
25番＝261、215（以上グリーン系）、97、870、1082
布地　リネン（白）　20×20cm
接着芯　20×20cm

97
ストレートS
261
1本どり
ストレートS
870
フレンチナッツS
261
2本どり
アウトラインS
261
アウトラインS
215
ストレートS
1082
ストレートS
1082
レゼーデージーS
1082
バックS

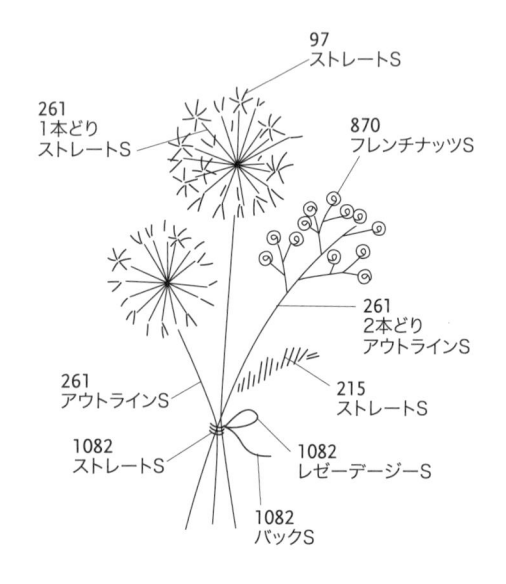

レタス
page43

図案　実物大
材料
アンカー刺しゅう糸
25番＝264、265、266（以上グリーン系）、926、233
布地　リネン（白）　20×20cm
接着芯　20×20cm

265　2本 ┐ 引きそろえ
266　1本 ┘ コーチングS
264
スプリットS
926
スプリットS
233
1本どり
ストレートS
266
6本どり
コーチングS

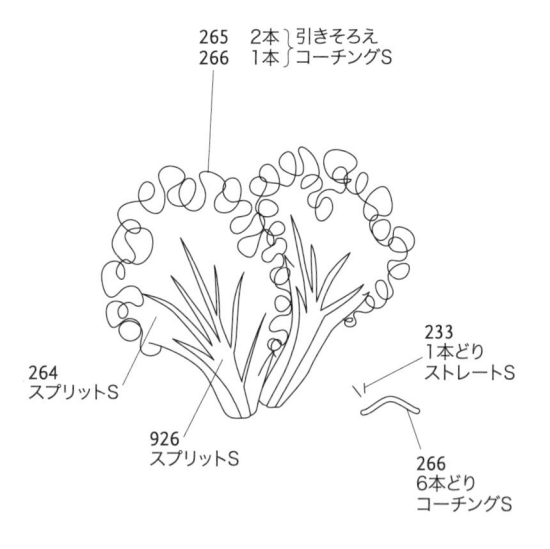

ハーブの小物入れ
page43

仕上りサイズ　約17×17cm
図案　実物大
材料
アンカー刺しゅう糸
5番＝267、378
25番＝267、268、862、859（以上グリーン系）、
　　　378
布地　表布＝ハーフリネン　40×20cm
　　　裏布＝水玉（白×ベージュ）　40×20cm
接着芯　40×20cm
面ファスナー（1.2cm幅）　15cm

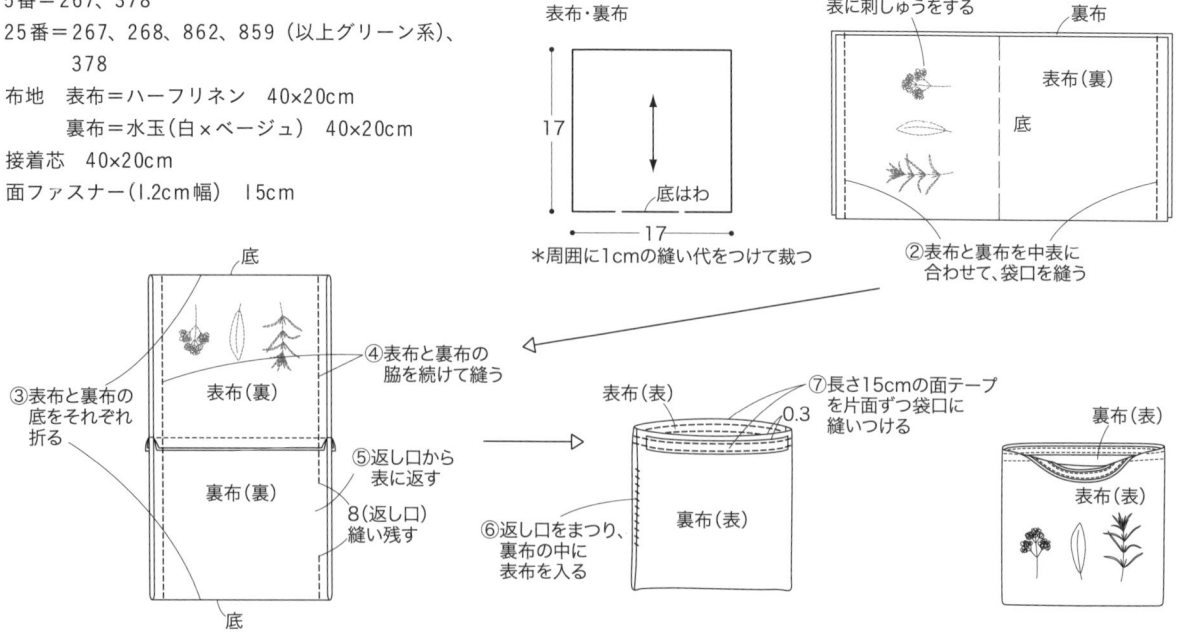

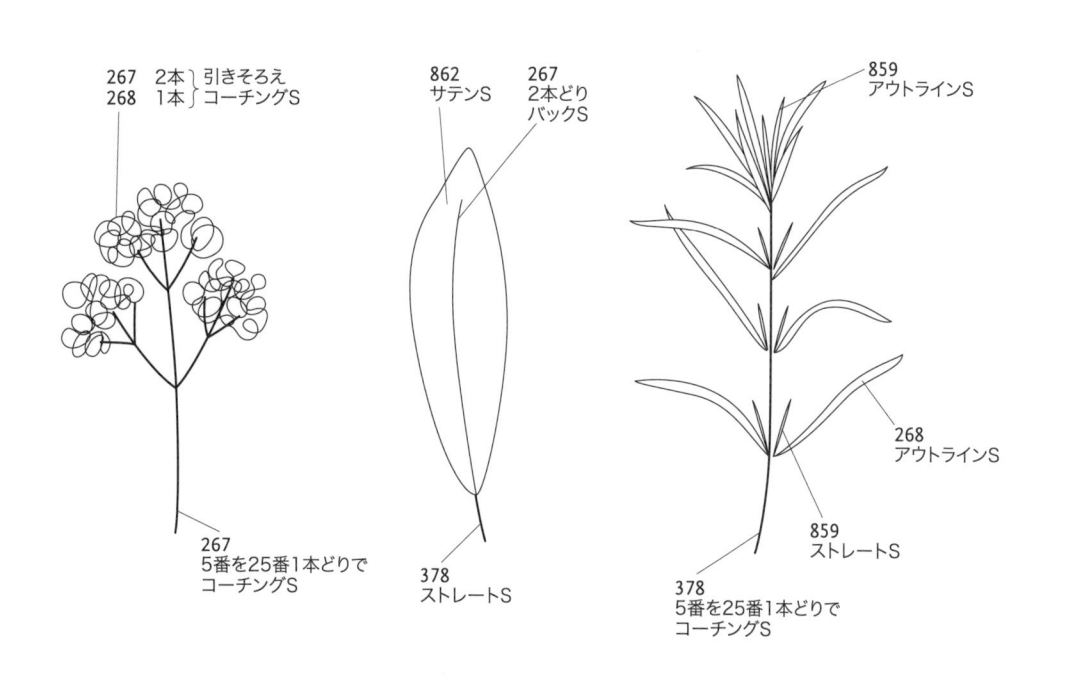

表布・裏布

＊周囲に1cmの縫い代をつけて裁つ

①表布の裏に接着芯をはり、表にしゅうをする

②表布と裏布を中表に合わせて、袋口を縫う

③表布と裏布の底をそれぞれ折る

④表布と裏布の脇を続けて縫う

⑤返し口から表に返す

8（返し口）縫い残す

⑥返し口をまつり、裏布の中に表布を入る

⑦長さ15cmの面テープを片面ずつ袋口に縫いつける

267　2本　引きそろえ
268　1本　コーチングS

862　サテンS

267　2本どり　バックS

859　アウトラインS

268　アウトラインS

267　5番を25番1本どりでコーチングS

378　ストレートS

859　ストレートS

378　5番を25番1本どりでコーチングS

87

自転車
page44

図案　実物大
材料
アンカー刺しゅう糸
25番＝920、387、399、401、355
布地　リネン（白）　20×20cm
接着芯　20×20cm

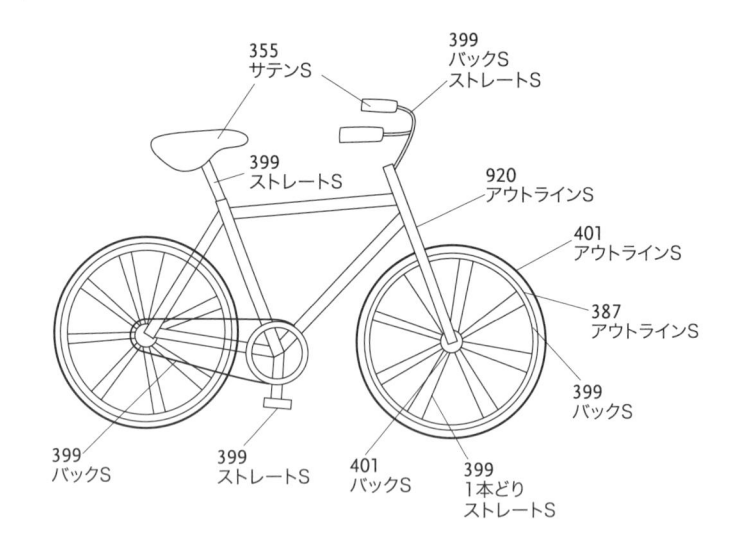

355 サテンS
399 バックS
ストレートS
399 ストレートS
920 アウトラインS
401 アウトラインS
387 アウトラインS
399 バックS
399 バックS
399 ストレートS
401 バックS
399 1本どり ストレートS

ハンギングバスケット
page44

図案　実物大
材料
アンカー刺しゅう糸
25番＝257、262（以上グリーン系）、76、234、369
　　　（鉢の色に合わせる）
透明糸
布地　リネン（白）　20×20cm
　　　リネン（れんが色）　適量
　　　ポリエステルチュール（グリーンむら染め）　適量
接着芯　20×20cm
両面接着芯　適量

234 アウトラインS
234 サテンS
76 フレンチナッツS
234 2本どり バックS
先に透明糸でチュールを星どめする
れんが色のリネンを両面接着芯ではる
369 1本どり コーチングS
257 2本 ┐引きそろえ
262 1本 ┘ランダムにコーチングS

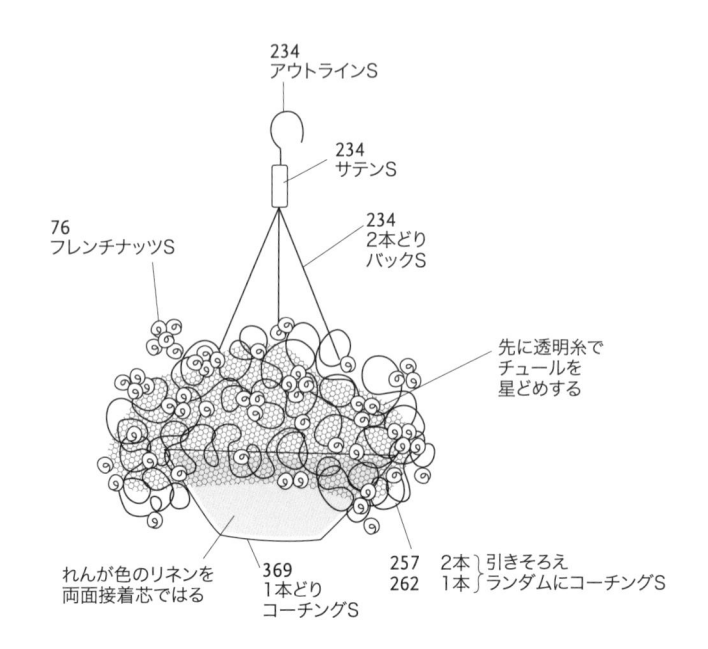

デイジーの切手
カバー前袖

図案　実物大
材料
アンカー刺しゅう糸
25番＝261（グリーン系）、306、926、175、1040
布地　リネン（白）　20×20cm
　　　リネン（ブルー）　適量
接着芯　20×20cm
両面接着芯　適量

926 レゼーデージーS
306 フレンチナッツS
261 バックS
175 1本どり コーチングS
1040 1本どり コーチングS
926 ストレートS
306 1本どり ストレートS
261 アウトラインS
ブルーのリネンを両面接着芯ではる
306 1本どり フレンチナッツS

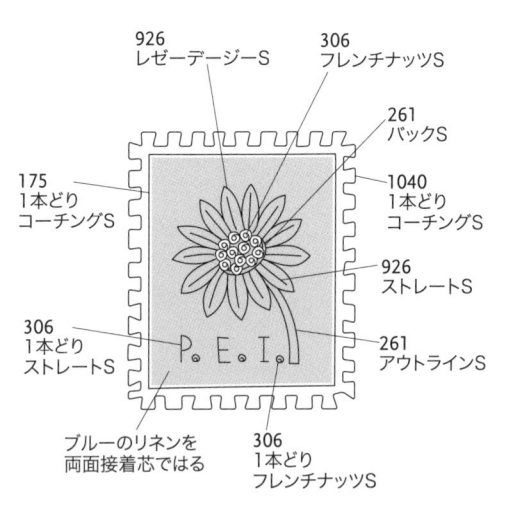

種入れ
page45

図案　実物大
材料(11×13.5×深さ10cmのバスケットの場合)
アンカー刺しゅう糸
25番＝266、262（以上グリーン系）、926、75、1007
布地　コットン（ベージュ）　15×40cm
抜きキャンバス（5目／1cm）　適量
リネンのリックラックテープ　50cm
ドミット芯　15×15cm
厚紙　15×15cm
麻ひも　20cm
ボンド

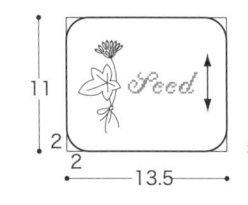

*周囲に表布は2cm、裏布は1cmの縫い代をつけて裁つ

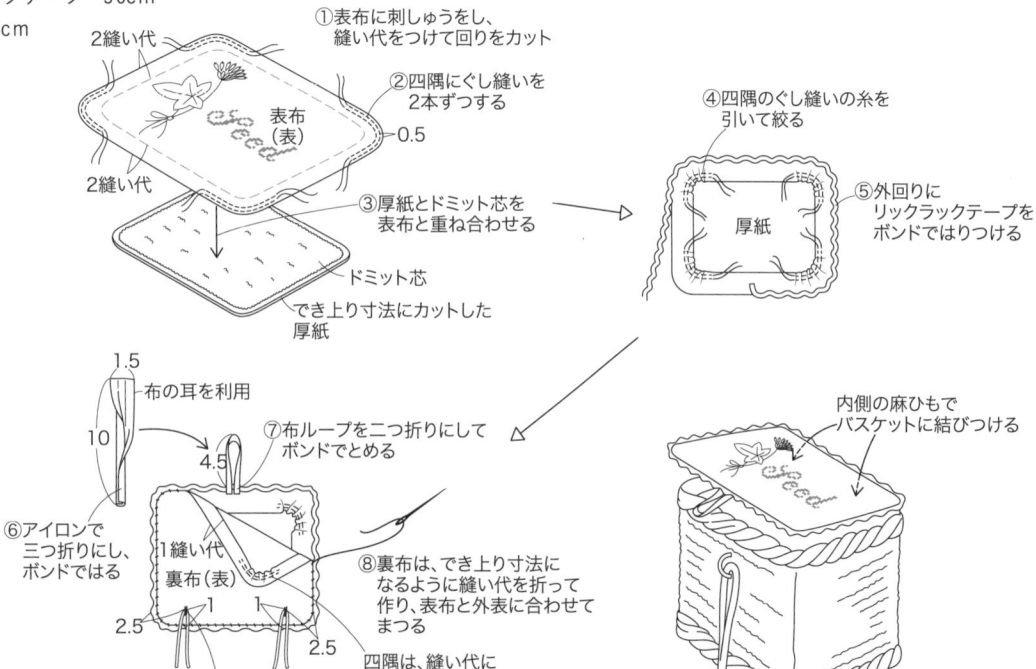

① 表布に刺しゅうをし、縫い代をつけて回りをカット
② 四隅にぐし縫いを2本ずつする
③ 厚紙とドミット芯を表布と重ね合わせる
④ 四隅のぐし縫いの糸を引いて絞る
⑤ 外回りにリックラックテープをボンドではりつける
⑥ アイロンで三つ折りにし、ボンドではる
⑦ 布ループを二つ折りにしてボンドでとめる
⑧ 裏布は、でき上り寸法になるように縫い代を折って作り、表布と外表に合わせてまつる
　四隅は、縫い代にぐし縫いをして縮め、形を整える
⑨ 長さ10cmの麻ひもの中央を縫いとめる
　内側の麻ひもでバスケットに結びつける

デイジー
page48

材料
布地　リネン（白）　20×20cm
接着芯　20×20cm
★図案、刺しゅう糸は「種入れ」と同じ

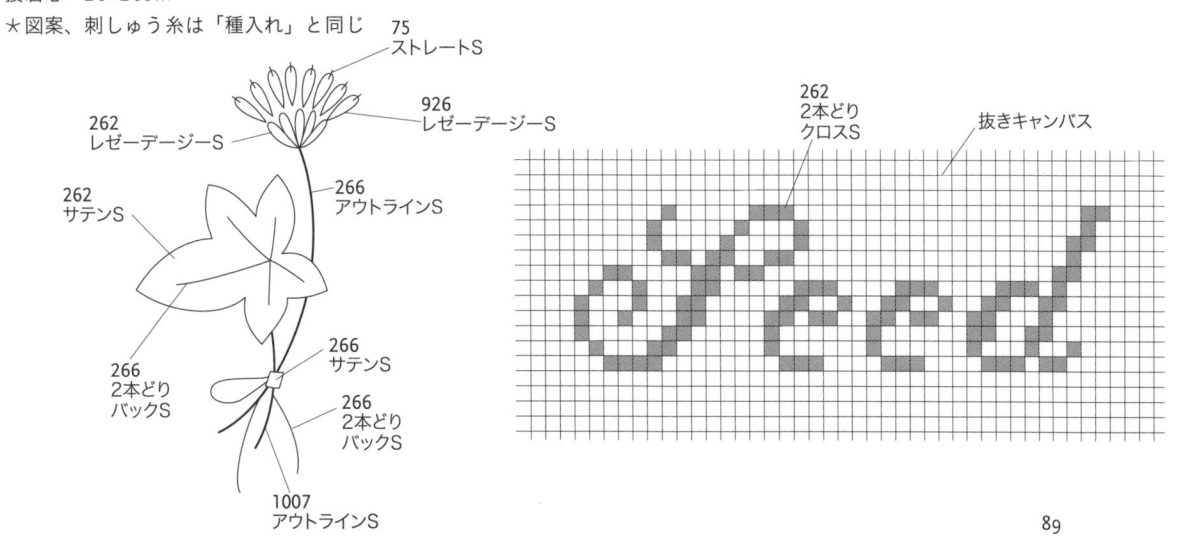

75　ストレートS
262　レゼーデージーS
926　レゼーデージーS
262　サテンS
266　アウトラインS
266　2本どり　バックS
266　サテンS
266　2本どり　バックS
1007　アウトラインS

262　2本どり　クロスS
抜きキャンバス

バスケット
カバー後ろ袖

図案　実物大
材料
アンカー刺しゅう糸
5番＝368
25番＝261、215（以上グリーン系）、368、144
布地　リネン（白）　20×20cm
接着芯　20×20cm

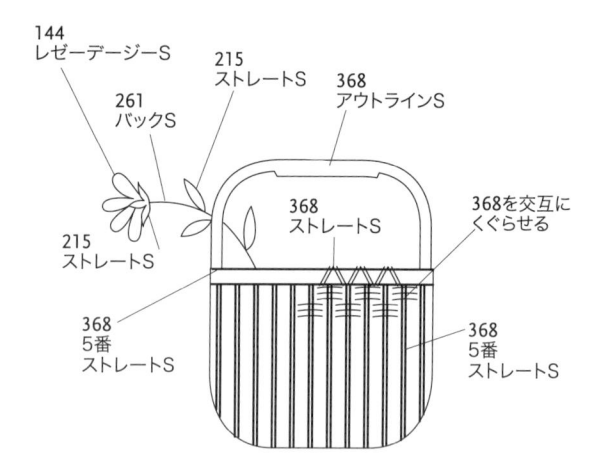

図の注記:
- 144 レゼーデージーS
- 215 ストレートS
- 368 アウトラインS
- 261 バックS
- 368 ストレートS
- 215 ストレートS
- 368 5番 ストレートS
- 368を交互にくぐらせる
- 368 5番 ストレートS

ホビーラホビーレ　ショップリスト

この本の作品の一部はホビーラホビーレの布地を使って製作しています。
アンカーの刺しゅう糸や、
「青木和子さんの刺しゅうキットコレクション」のお取扱いがございます。
詳細はお近くのショップにお問い合わせください。

● 東北
盛岡川徳ホビーラホビーレ　019-622-6155
ホビーラホビーレ仙台アエル店　022-262-4550

● 関東
柏髙島屋ホビーラホビーレ　04-7148-2166
そごう千葉店ホビーラホビーレ　043-245-2004
東武百貨店船橋店ホビーラホビーレ　047-425-2211
伊勢丹浦和店ホビーラホビーレ　048-834-3165
そごう大宮店ホビーラホビーレ　048-783-3078
ホビーラホビーレ自由が丘店　03-6421-2309
ホビーラホビーレ銀座店　03-6274-6526
日本橋髙島屋ホビーラホビーレ　03-3271-4564
京王百貨店新宿店ホビーラホビーレ　03-3342-2111
西武池袋本店ホビーラホビーレ　03-6912-7319
伊勢丹立川店ホビーラホビーレ　042-525-2671
小田急百貨店町田店ホビーラホビーレ　042-732-3125
ホビーラホビーレ横浜ロフト店　045-465-2759
横浜髙島屋ホビーラホビーレ　045-313-4472
ホビーラホビーレたまプラーザ店　045-903-2054

● 甲信越
新潟伊勢丹ホビーラホビーレ　025-241-6062

● 東海
静岡伊勢丹ホビーラホビーレ　054-251-7897
ジェイアール名古屋タカシマヤホビーラホビーレ　052-566-8472
松坂屋名古屋店ホビーラホビーレ　052-264-2785

● 北陸
香林坊大和ホビーラホビーレ　076-220-1295
富山大和ホビーラホビーレ　076-424-1111

● 関西
阪急うめだ本店ホビーラホビーレ　06-6361-1381
大阪髙島屋ホビーラホビーレ　06-6631-1101
ホビーラホビーレ近鉄あべのハルカス店　06-6629-3770
ホビーラホビーレ阪急西宮ガーデンズ店　0798-64-1248
京都髙島屋ホビーラホビーレ　075-221-8811

● 中国
天満屋岡山本店ホビーラホビーレ　086-225-5329
そごう広島店ホビーラホビーレ　082-511-7688
福屋広島駅前店ホビーラホビーレ　082-568-3640

● 九州
ホビーラホビーレＪＲ博多シティ店　092-413-5070
福岡岩田屋ホビーラホビーレ　092-723-0350

＊ショップリストは2021年7月現在のもので、変更になる場合があります。

株式会社ホビーラホビーレ
〒140-0011　東京都品川区東大井5-23-37　TEL.0570-037-030（代表）　https://www.hobbyra-hobbyre.com

参考文献
『赤毛のアン』―赤毛のアン・シリーズ（新潮文庫）　Lucy Maud Montgomery 著　村岡花子 訳　新潮社
『永遠の「赤毛のアン」ブック』　奥田実紀 著　集英社

協力
ホビーラホビーレ　東京都品川区東大井 5-23-37　tel.0570-037-030
モーネ工房 Seiken 工作所（p.14、15 の器）　https://www.maane-setouchi.com/
金亀糸業（アンカー日本総代理店）　東京都中央区東日本橋 1-2-15　tel.03-5687-8511

Special thanks
今井清子（ユキ・リミテッド）
瀧川宰子（ホビーラホビーレ）
増田かつ江（PEI セレクトツアーズ）
テリー神川（Blue Winds Tea Room）

AD & ブックデザイン　若山嘉代子 L'espace
撮影　三木麻奈
旅の撮影　青木和子
トレース　ダイラクサトミ（day studio）
小物の作り方解説　山村範子
校閲　田村容子（文化出版局）
編集協力　黒川久美子　清野明子
編集　大沢洋子（文化出版局）

青木和子　旅の刺しゅう 2
赤毛のアンの島

2011 年 7 月 17 日　第 1 刷発行
2021 年 8 月 5 日　第 4 刷発行
著　者　青木和子
発行者　濱田勝宏
発行所　学校法人文化学園　文化出版局
　　　　〒151-8524　東京都渋谷区代々木 3-22-1
　　　　TEL.03-3299-2489（編集）　03-3299-2540（営業）
印刷・製本所　株式会社文化カラー印刷

©Kazuko Aoki 2011　Printed in Japan
本書の写真、カット及び内容の無断転載を禁じます。

・本書のコピー、スキャン、デジタル化等の無断複製は
著作権法上での例外を除き、禁じられています。
本書を代行業者等の第三者に依頼してスキャンやデジタル化することは、
たとえ個人や家庭内での利用でも著作権法違反になります。
・本書で紹介した作品の全部または一部を商品化、複製頒布、
及びコンクールなどの応募作品として出品することは禁じられています。
・撮影状況や印刷により、作品の色は実物と多少異なる場合があります。
ご了承ください。

文化出版局のホームページ　http://books.bunka.ac.jp

好評既刊

**青木和子 旅の刺しゅう
野原に会いにイギリスへ**

イギリスの野原を訪ねる旅は、ワイルドフラワーの咲くメドウ（草原）、あこがれの庭、フラワーマーケット、街の中の花にも出会う旅でした。心に残る野原の風景や花のにぎわいを刺しゅうに。

**青木和子 旅の刺しゅう3
コッツウォルズと湖水地方を訪ねて**

イギリスのコッツウォルズの町と湖水地方を中心に、観光ルートではない小さな村も訪れ、カントリーサイドからのインスピレーションをもとにデザインをした刺しゅうは旅の記録でもあります。

**青木和子の刺しゅう
北欧ノート**

スウェーデンでテキスタイルを学んでいた頃の記憶と、北欧のものにかこまれている現在の暮らしを刺しゅうに。フィーカ（お茶の時間）を楽しみつつキッチン道具や季節のシーン、色のレッスンも。

**青木和子の刺しゅう
庭の花図鑑**

著者が庭で育てているお気に入りの花たち。その中から63種を選び、図鑑のように一つの植物の花、つぼみ、葉、茎、根、球根などを観察してスケッチし、フリーステッチで表現しました。

**青木和子の刺しゅう
庭の野菜図鑑**

『庭の花図鑑』に続き、庭の畑で作れる野菜を刺しゅうで表現した一冊。トマトやニンジン、カボチャなどの野菜、ハーブ、果樹、エディブルフラワー（食用花）と道具類、小さな生き物たちも登場。

**青木和子の刺しゅう
散歩の手帖**

たんぽぽの咲くころ、土手沿いを歩く、雨の日、ひまわりの隊列、公園の隅、夏のちょう、色づく木の葉、運河の向こう側、バードウォッチング…手帖を片手に花咲く道を散歩して生まれた刺しゅう。

**青木和子
刺しゅうのレシピ A to Z**

アルファベット26文字のモチーフを、こだわって一文字ごとに並べた刺しゅうの世界。ワンポイントで使ったり、ページをそのまま刺しゅうして額装したり。花や野菜、動物、食べ物なども満載。

**青木和子
クロスステッチ A to Z**

アルファベット26文字のモチーフをクロスステッチで。すごく小さいもの、うんと広いもの、おいしいもの、少し痛いもの……などコンパクトな1冊に187の図案が満載。テクニックのポイントも。

**青木和子
季節の刺しゅう SEASONS**

四季のいろいろなシーンを刺しゅうで描きます。フリーステッチとクロスステッチで、カレンダーや季節のお便りにも使えるデザインや、ワンポイントで使ってもかわいい図案がいろいろ。

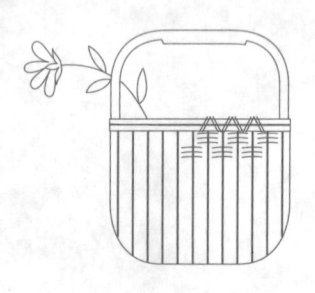